Genova Berlin

JOVIS

STADT – STRASSE – HAUS
CITTÀ – STRADA – CASA
CITY – STREET – HOUSE

Berlin Genova

HERAUSGEBER:

KLAUS THEO BRENNER
FACHHOCHSCHULE POTSDAM
UNIVERSITÀ DEGLI STUDI DI GENOVA

JOVIS

EIN INTERNATIONALES ENTWURFSEXPERIMENT ZUR STADTARCHITEKTUR

Leitung
Professor Klaus Theo Brenner
Fachhochschule Potsdam
Università degli studi di Genova

Team Potsdam
Klaus Theo Brenner
Dieter Eckert

Team Genua
Klaus Theo Brenner
Francesco Bruno
Stefano Rigoni

Dokumentation und Gestaltung
André Ramin Sadjadian
S. Evert Indrawan

Photograph
Jörg von Bruchhausen

gefördert durch die Wüstenrot Stiftung

EINLEITUNG I INTRODUZIONE I INTRODUCTION

BERLIN I BERLINO

GENUA I GENOVA | GENOA

EINLEITUNG I INTRODUZIONE I INTRODUCTION

Genova

Ende und Anfang

Wenn wir heute den Städtebau der vergangenen 80 Jahre betrachten, der sich in Folge der Manifeste der klassischen Moderne – allen voran *Vers une Architecture* von Le Corbusier aus dem Jahre 1923 – über ganz Europa ausgebreitet hat, kann man ein Resümee und Konsequenzen ziehen, wobei man allerdings zugestehen muss, dass die europäischen Städte heute unter einem weitaus geringeren Expansionsdruck stehen, als dies in der Vergangenheit der Fall war.

Was wir sehen ist, dass Siedlungs-, nicht Stadtbau betrieben wurde, um die ungeheure Wohnungsnachfrage zu befriedigen, aber auch, dass damit verbunden der „Traum vom Edlen Wilden" (Colin Rowe) geträumt, aber niemals wahr wurde, der ein grundsätzlich stadtfeindlicher war. Siedlungsbau für Stadtbau, die aufgelöste für die kompakte Stadt, die grenzenlose Durchmischung von Gebautem und Landschaftlichem bis zum Überdruss hat zu einem unsere Lebenskultur bedrohenden Zustand der Stadtzerstörung geführt, der sich baulich manifestiert in einem Verlust an öffentlichem Raum und Dichte, die auch Dichte an Kommunikation und unterschiedlichen Lebenssphären meint. Aktualisieren wir ein Bild von Stadt, das durch die europäische Kulturgeschichte geprägt und legitimiert ist. Dort liegt ein utopisches Potential verborgen, das unter zeitgenössischen Bedingungen des Bauens thematisiert und zur Grundlage zeitgenössischer Entwurfsexperimente gemacht werden kann.

Wir wenden uns damit gegen aktuelle Tendenzen, die mit Begriffen wie Gartenstadt, Vorstadt, Zwischenstadt oder Autostadt Stadt da behaupten wollen, wo sie gar nicht mehr existiert, oder den Kult um spektakuläre Einzelprojekte an die Stelle der Suche nach einer zivilen, anspruchsvollen Stadtarchitektur gesetzt haben. Fangen wir also neu an! Kehren wir zurück zur Stadt und bauen sie da, wo es eben geht: in Nischen und Lücken, auf Restflächen und Industriebrachen – immer möglichst kompakt, baulich und funktional vernetzend und verdichtend. Das Wichtigste dabei: Das Wohnen muss zurück in die Stadt, denn das Wohnen ist, nach Heidegger, nicht eine besondere Tätigkeit, irgendwo vollzogen in dafür bestimmten Ghettos, es ist all das zusammen, was wir tun, um unsere Existenz auf Erden einzurichten.

Wohnen heißt: arbeiten, sich erholen, zu Hause sein, in der Öffentlichkeit stehen, Freizeit gestalten, zur Schule gehen und vieles mehr. Die Stadt ist der Ort, wo all das stattfinden soll, ein Ort der Nähe, der Dichte, der Kommunikation und der städtischen Architektur.

Elemente der Stadtarchitektur

War es im Siedlungsbau das freistehende Haus, groß oder klein, von meist unbestimmter Dimension, locker und unverbindlich in den Raum gestreut in Form von Zeilenbauten, Punkthäusern oder Einfamilienhausgruppen, so stellt sich nun die Frage nach den klassischen Elementen der Stadtarchitektur in der Tradition der europäischen Stadt, die zu Beginn des 20. Jahrhunderts mit der Moderne abrupt beendet wurde.

Im Wesentlichen lassen sich vier Elemente benennen, die die Grundlage aller städtebaulichen Strukturen bilden: der **Block**, die **Straße**, das **Haus** und der **Garten** (bzw. Hof). Diese Elemente lassen historisch nachweisbar unzählige morphologische Varianten zu. Der Block ist ein Geviert, von Häusern umstellt und von Straßen rundum erschlossen, mit einer mehr oder weniger rigiden Trennung zwischen außen (Straße, öffentlich) und innen (Garten, privat). Die Straße ist der architektonische Raum der Stadt; dieser ist Bewegungsraum, Bühne, sozialer Aktionsraum, und er ist öffentlich. Er wird gebildet durch Reihen von Häusern bzw. Reihenhäusern, die von der Straße her erschlossen sind und zusammengenommen die Fassade, also das repräsentative Gesicht der Straße, bilden. Häuser sind begrenzte, identifizierbare Einheiten, mit einem Eingang und einer fassbaren Dimension, die Bausteine jeder städtischen Struktur. Sie können klein oder groß, hoch oder niedrig sein, eng zusammen stehen oder Lücken zwischen sich lassen, wesentlich dabei ist, dass die horizontale Ausdehnung einer Straße durch die Reihung von Häusern entsteht, egal, ob es sich um Einfamilienhäuser oder Hochhäuser handelt. Die Moderne hat dieses eigentlich sehr einfache Konzept zugunsten undimensionierter, frei im Raum herummäandrierender Gebilde aufgegeben, die W. C. Behrendt in seinem 1911 erschienenen Buch mit der damals zeitgemäßen Forderung nach einer „einheitlichen Blockfront", also nach aus wirtschaftlichen Gründen großformatig zusammengefassten Hauskonzepten, in dieser Konsequenz noch nicht voraussehen konnte.

Das herausragende Merkmal des städitischen Hauses ist seine Zweigesichtigkeit: seine Gartenseite das private Äquivalent zum öffentlichen Straßenraum. Zeigt das Haus zum öffentlichen Raum hin mitunter eine quasi theatralische Maske, hinter der sich das Innenleben des Gebäudes verbirgt, so kann es sich zum privaten Bereich öffnen, zum Wohle einer intimen Beziehung zwischen innen und außen. Zwischen dem öffentlichen Raum vorne und dem Garten hinten entwickelt sich der Grundriss des städtischen Hauses im Spannungsfeld einer dialektischen Beziehung. Das Haus Tzara in Paris von Adolf Loos zeigt diese spezifischen Qualitäten des Stadthauses exemplarisch, verbunden mit einer nach den Gesetzen des „Raumplans" besonders anspruchsvollen Grundriss-Schnitt-Konzeption. Auf dieser Grundlage, den klassischen Themen europäischer Stadtarchitektur, so einfach und übersichtlich, so reich an Beispielen und denkbaren Lösungen, lassen sich heute Experimente zur zeitgenössischen Stadtarchitektur organisieren. Besondere Bedeutung kommt dabei sicherlich dem Thema Straße und Haus zu, da dort der Kern des Städtischen liegt, sein Wesen sich offenbart, konkret sichtbar und erfahrbar wird.

Idealisierte Straßenbilder waren oft als architektonische Idealstadtentwürfe gedacht. Neben den bekannten Beispielen aus der Renaissance, Weinbrenners Entwurf für Karlsruhe oder der Strada Nuova in Genua gilt das auch für Venturis Spruch „Main street is almost all right" und sein Manifest für eine pragmatische, kommerzialisierte Stadtarchitektur, in der allerdings die Architektur der Häuser keine Rolle mehr spielt. Das Konzept, die Stadt anhand einer idealen Konstellation von Straße und Haus symbolisch zu entwickeln, war der Ausgangspunkt des Projektes „Berlin – Genova".

Berlin – Genova

Dieses Projekt war der Anlass für eine Kooperation zwischen der Fachhochschule Potsdam und der Università degli studi di Genova, Faccoltà di Architettura. An beiden Hochschulen wurde das Entwurfsexperiment im Jahr 2003/2004 parallel durchgeführt. Dabei stellten die charakteristisch unterschiedlichen städtebaulichen Systeme von Berlin und Genua die typologische Referenz dar. In beiden ist die Qualität und das Potential der zivilen Stadtarchitektur gefasst, wie sie sich über Jahrhunderte oder Jahrzehnte am jeweiligen Ort entwickelt hat. Dieses Potential wurde in Berlin bereits in den 1980er Jahren anlässlich der Internationalen Bauausstellung erkannt. In Genua rückte dessen Bedeutung erst mit den Aktivitäten zur Kulturhauptstadt 2004 so recht ins Licht der Öffentlichkeit. Wir haben es mit einem europäischen Projekt zu tun. Es zeigt Unterschiede und Gemeinsamkeiten in der Behandlung des Themas und benutzt die Tradition als Hintergrund für den aktuellen Diskurs über die Architektur der Stadt, der heute international geführt werden muss und der keine typologischen Grenzen mehr kennt, sondern das gesamte Reservoir der europäischen Stadtarchitektur verfügbar macht.

Das charakteristische Element der Berliner Stadtstruktur ist seit dem frühen 19. Jahrhundert das so genannte **Berliner Mietshaus** mit einer repräsentativen Fassade zur Straße und Seitenflügeln, die einen Hof bilden. Die einzelnen Häuser stehen Wand an Wand und bilden so eine geschlossene Straßenfront und ein geschlossenes Hofareal. Das Berliner Mietshaus als Modell ist multifunktional und anpassungsfähig an unterschiedliche gesellschaftliche Bedingungen. In seiner elementarsten Form und maximalen Ausnutzung (auch des Hofs) war es der Bautyp des Proletariats. Mit Balkonen und Erkern behangen, luxuriöser Ausstattung und grünen Höfen hat sich in ihm das wohlhabende Bürgertum niedergelassen. In der Regel umfasst seine Straßenfront zwei Wohnungen mit einem Treppenhaus in der Mitte. Die Traufhöhe liegt bei 22 Metern. Heute wird das Berliner Mietshaus in allen Varianten und für unterschiedlichste Nutzungen gebraucht und geschätzt und hat sich als Grundform des städtischen Wohnens behauptet, auch wenn seine Baugeschichte mit dem Ende des 19. Jahrhunderts und dem Beginn des Siedlungsbaus zunächst beendet war.

In Genua herrscht die **Tipologia a Blocco** vor. Diese meint freistehende, palazzoartige Häuser, die mit schmalen Lücken zwischen sich an der Straße aufgereiht sind: städtische Reihenhäuser, deren Grundrisse rundum belichtet sind und die zusammen einen transparenten Stadtraum schaffen mit einer gewissen Offenheit zwischen Straße und Garten. Diese Typologie geht ursprünglich auf den Entwurf der *Strada Nuova* mit einer Aufreihung feudaler, sehr eigenständiger Palazzi von Galeazzo Alessi um 1550 zurück und hat sich dann im 19. Jahrhundert in großem Maßstab über das gesamte expandierende Stadtgebiet ausgebreitet, wobei der Architekt und Städtebauer Carlo Barabino zur bestimmenden Figur wurde, vergleichbar mit der von James Hobrecht in Berlin. Geht in Berlin die Mietshaustypologie auf den Klassizismus Schinkels mit seinen Entwürfen zum städtischen Wohnpalais im 19. Jahrhundert zurück, so beginnt in Genua die Traditionslinie gut drei Jahrhunderte früher in der Renaissance. Bis in die 1930er Jahre des 20. Jahrhunderts hinein blieb die Tipologia a Blocco im Innenstadtgebiet der bestimmende und attraktivste Bautyp der zivilen Stadtarchitektur Genuas.

Allerdings stellt dieser im Gegensatz zum Berliner Mietshaus einen eher bürgerlichen Bautyp dar. Dennoch kann er analog zum Berliner Mietshaus sowohl mit Wohnungen als auch mit kommerziellen Nutzungen (insbesondere Läden im Erdgeschoss) belegt werden. Die Multifunktionalität beider Haustypen, ihre im Vergleich zu neueren Bauten großzügige Raumdisposition mit der Möglichkeit der Integration von Sondernutzungen wie Kino, Theater, Kleinkaufhaus hat bis heute nichts an Attraktivität eingebüßt, so wie bis heute beide Bautypen das Straßenbild der jeweiligen Stadt bestimmen.

Die typologische Grundlage für das Entwurfsexperiment war damit gelegt und die Referenzen waren klar, allerdings mit der Maßgabe verbunden, die historische Kopie zu vermeiden. Der Typus als abstraktes Modell ist offen für zeitgenössische Interpretationen, sowohl in Funktion und Grundriss als auch in der äußeren Erscheinung.

Das Entwurfsexperiment

Die Spielregel für das Experiment war in zwei Masterplänen für zwei Straßentypen derselben Länge und Breite formuliert – ein Stück Straße als idealisiertes Experimentierfeld. Der **Berlin-Typ** be-

Berlin

Genova

stand aus jeweils sechs Häusern pro Straßenseite nach dem Vorbild des Berliner Mietshauses mit festgesetzter Traufhöhe und eingeschossigem Dachaufbau. Alle Häuser stehen Wand an Wand. Die Geschosshöhen waren ebenso definiert wie die Hausbreiten. Der **Genua-Typ** sah eine aufsteigende Straße vor mit beidseitig fünf freistehenden Häusern nach dem Vorbild der Tipologia a Blocco. Straßenbreiten, Hausbreiten und -höhen waren analog zum Berlin-Typ festgelegt. Auf dieser Grundlage sollte jeder Student ein Haus eines Typus entwerfen. Die Studenten in Potsdam wie die in Genua konnten sich sowohl für die eine als auch für die andere Typologie entscheiden. Eine weitere Grundlage für den Entwurf war die Auseinandersetzung mit Typus und Geschichte des städtischen Hauses in Europa, weit über die Beispiele Berlins und Genuas hinaus, auch verbunden mit der Frage, wie heute das Straßenleben unter zeitgenössischen ökonomischen und sozialen Bedingungen architektonisch inszeniert werden kann. Fünf Thesen haben sich als grundlegend herausgestellt:

1. Wohnen im städtischen Haus umfasst alle Lebensbereiche, wobei von einer generellen **Multifunktionalität**, also strukturellen Großzügigkeit und Neutralität der Grundrisse auszugehen und die Erschließung (Eingangshalle, Aufzug, Treppe) anspruchsvoll zu gestalten ist. Die Wohnung kann Produktionsstätte und privater Rückzugsbereich gleichzeitig sein. Die unmittelbar am Gehweg gelegenen Basisgeschosse der Häuser sind eher öffentlichen Nutzungen (Läden, Büros, Ateliers) vorbehalten. Ein solches Haus könnte als Einzeleigentum gebaut oder gekauft oder etagenweise vermarktet werden.
2. Städtisches Leben ist heute bestimmt von der **Koexistenz** mit dem Auto unter der Voraussetzung ausreichender Straßenquerschnitte und sinnvoller ober- und unterirdischer Parkierungssysteme (dieses Thema ist in größeren Zusammenhängen als in einem Straßenabschnitt zu lösen und war nicht explizit Entwurfsgegenstand).
3. **Sondernutzungen** wie Kinos, Theater, Museen, Galerien, Kleinkaufhäuser usw. sollten, soweit es ihre Dimension zulässt, ebenso wie alle anderen privaten und kommerziellen Nutzungen in der Dimension eines städtischen Hauses untergebracht werden können. Sie stellen eine besondere Bereicherung des Typus dar. Wie das Wohnen in die Stadt zurückkehrt, soll auch das öffentliche Leben in diesen Häusern seinen Raum finden. So findet jedes Haus sein funktionales Szenario, das ihm besondere, charakteristische Eigenschaften verleiht.
4. Der **Wirkungsraum** für diese „Charaktereigenschaften" ist die Straße. Das Haus wendet sich mit seinem ganzen Wesen der Straße zu – nicht nur funktional, sondern auch architektonisch. Der Straßenraum wird als ein „festlicher Raum" (Gadamer), bzw. „theatralischer Ort" (Colin Rowe) angenommen, ganz im Gegensatz zu den privaten Innenräumen.
5. Entsprechend stellt sich die Architektur des städtischen Hauses nach außen repräsentativ dar und bietet im Inneren ein offenes Experimentierfeld für Grundrisslösungen.

Geformte Häuser

War die Stadtarchitektur des 19. Jahrhunderts weitgehend geprägt durch Typengrundrisse und stilistische Konventionen mit verschiedenen Varianten eines ins Dekorative spielenden Fassadenklassizismus (in Berlin basierend auf der preußischen Tradition der Schinkelschule, in Genua von Frankreich und der École des Beaux Arts beeinflusst), so lässt sich heute keine Stadtarchitektur mehr auf Konventionen gründen, die über den Minimalkonsens eines „Masterplans", wie wir ihn hier anwenden, hinausgehen – es sei denn, ein Bauherr baut eine ganze Straße und legt die Regeln fest. Wir gehen von individuellen Bauherren und individuellen Gestaltungswünschen aus und thematisieren in diesem Entwurfsexperiment die Häuser vorwiegend von ihrem Nutzungsprogramm (eher als räumliches Szenario denn funktionalistisch gedacht) und über ihre **Körperform** in der Wahrnehmung von der Straße her. Das heißt, Vorsprünge, Rücksprünge oder Einschnitte sollen dem einzelnen Haus einen individuellen Charakter verleihen. Die Materialität ist frei und trägt weiter zur Individualisierung der Häuser bei. Der Charakter der Gebäude entwickelt sich somit primär aus der funktionalen Szenerie der Grundrisse und im Körperhaften der Fassade und nicht, wie im 19. Jahrhundert, in stilistischen Variationen zu einem Fassadenthema auf der Grundlage von festen Typengrundrissen. Das ist die These, die den Entwürfen zugrunde liegt. Das Bild der Straße, das mit der Reihung solcher Häuser entsteht, ist das eines linearen Raumes, dessen dreidimensionale Erscheinung im Rhythmus der Häuser variiert, wobei sich die Fassadenabwicklung als eine Art **horizontales Relief** darstellt. Im Fall des Berlin-Typus entsteht ein geschlossener Straßenraum mit starken Vor- und Rücksprüngen. Im Fall des Genua-Typus handelt es sich um eine weitere Stärkung der im Plan für die Straße angelegten Autonomie des Einzelhauses.

Straßenräume – Ereignisräume

Das Ergebnis – zwei Straßen mit insgesamt 22 individuell entworfenen Häusern – sind Entwürfe, die gleichzeitig Idealstadtmodelle sind, in denen die Konvention die Individualität der einzelnen Häuser nicht unterdrückt. Die Straße als Ereignisraum inszenieren heißt, ein möglichst breites Nutzungsspektrum für die einzelnen Häuser zu erschließen und das Spiel der Baukörper eher anzuregen als zu unterdrücken. Dabei entstehen Längs- und Querräume, die der Straße von ihren Rändern her einen eher labyrinthischen denn einen Wandcharakter verleihen. Die Moderne hat den freistehenden Körper mit unbegrenzter Ausdehnung gepredigt. Wird dieser Körper in die Straßenfront eingebunden, dramatisiert seine Bewegung den öffentlichen Raum. Damit könnte die Stadt von mehreren Traditionslinien gleichzeitig profitieren, die sich in ihrer Wirkung überschneiden und ergänzen. Da wäre auf der einen Seite der Plan der Straße, der den einzelnen Häusern in Form einer mehr oder weniger gleichmäßigen Reihung einen begrenzten Raum zuweist (das klassische Modell) und auf der anderen Seite die maximale Individualität der Häuser in ihrer körperhaften Erscheinung als Resultat der Moderne. So können Straßen zu Ereignisräumen zwischen Vergangenheit und Gegenwart werden. Die Beispiele Berlin und Genua zeigen, dass international ein reiches Reservoir an historischen Modellen zur europäischen Stadtarchitektur als Referenz für zeitgenössische Entwürfe existiert, das allen zur freien Verfügung steht. Dies kann sich nur positiv auf die Entwicklung der Städte auswirken und vielleicht zu einer erneuerten Kultur ziviler Stadtarchitektur führen, in der die Objekte trotz aller Individualität eingebunden sind in einen architektonischen und sozialen Kontext.

Klaus Theo Brenner
in Zusammenarbeit mit
Dieter Eckert (Potsdam)
Francesco Bruno, Stefano Rigoni (Genua)

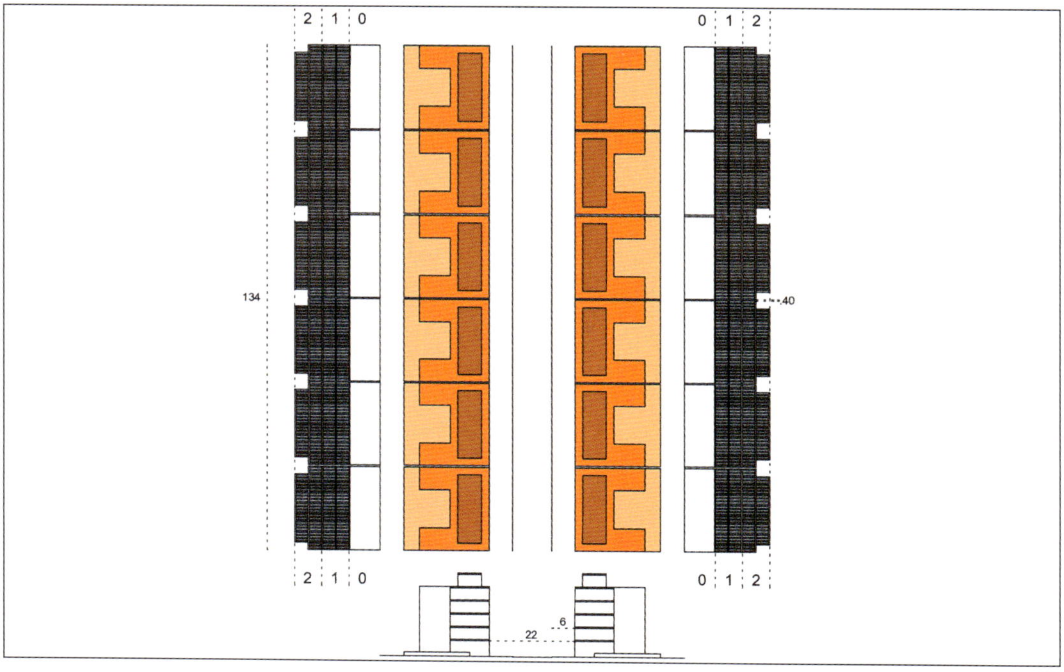

Masterplan Berlin

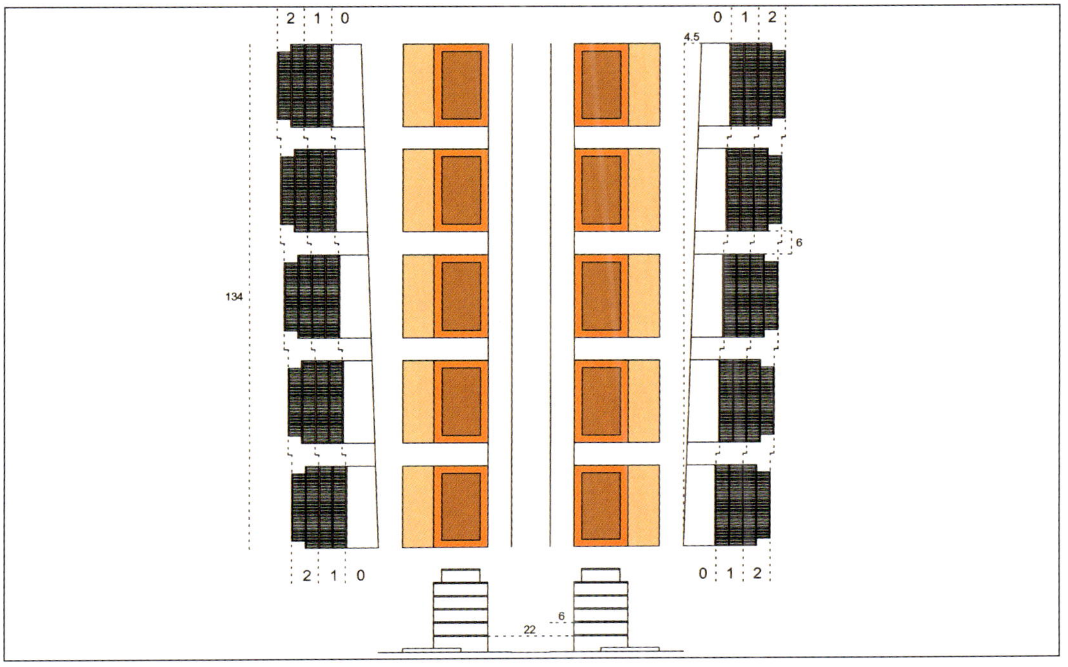

Masterplan Genova

Fine ed inizio

Se prendiamo in considerazione l'urbanistica degli ultimi 80 anni, così come si è diffusa in Europa attraverso la pubblicazione dei diversi manifesti del Moderno classico, primo fra tutti *Vers une Architecture* di Le Corbusier dell'anno 1923, ci troviamo ora nella possibilità di operare una sintesi e trarre delle conclusioni, pur tenendo presente che, attualmente, le città europee si trovano in una condizione di crescita connotata da minor espansione di quanto non fosse in passato.
Quello che riconosciamo è che quanto venne messo in pratica allora per soddisfare l'enorme richiesta di abitazioni era la costruzione di *Siedlungen* e non di nuovi pezzi di città, ma, anche, che il "sogno del selvaggio raffinato" (Colin Rowe), collegato a questo tipo di sviluppo, sogno fondamentalmente antagonista della struttura urbana, non divenne mai realtà. La costruzione di *Siedlungen* al posto dell'espansione della città, la città disgregata al posto della città compatta, il mescolamento di costruzioni e campagna fino alla noia, ha portato ad una situazione di smarrimento pericolosa per la nostra vita civile; questa si manifesta in architettura in una perdita di spazio pubblico e di densità, intesa, soprattutto, come intensità di comunicazione e relazione tra differenti ambienti di vita. Se ridiamo nuovamente attualità all'immagine della città, come descritta e legittimata dalla storia della cultura europea, possiamo trovare in questa un potenziale utopico latente, che ci permette di condurre esperimenti di progettazione a partire dalle reali condizioni dell'architettura.
In questo modo ci opponiamo alle attuali tendenze che, attraverso concetti come città giardino, zona suburbana, zona urbana intermedia, città per le auto, vogliono affermare l'esistenza della città là dove questa non esiste più, o a quelle che, al posto della ricerca di un'architettura urbana civile, hanno puntato al culto di singole proposte spettacolari. Ricominciamo daccapo! Ritorniamo alla città e costruiamola dove è possibile: in nicchie e spazi intermedi ancora vuoti, in parcelle restanti e in zone industriali dismesse, in modo che sia il più possibile compatta, strutturata e favorisca la crescita di una rete di relazioni connotate da una maggiore concentrazione. L'importante è che si ritorni ad abitare nella città, poiché l'abitare, secondo Heidegger, non è un'attività particolare, che possa essere svolta in qualche ghetto preposto a questo scopo, ma è l'insieme di tutto quello che facciamo per organizzare la nostra esistenza sulla terra. Abitare significa lavorare, riposarsi, ritirarsi nel privato, muoversi nel pubblico, istruirsi e molte cose ancora. La città è il luogo dove tutto ciò deve avvenire, il luogo della vicinanza, della densità, della comunicazione e dell' architettura urbana.

Elementi di architettura urbana

Se nella costruzione delle *Siedlungen* l'elemento costitutivo era il singolo blocco abitativo, grande o piccolo, di dimensioni per lo più indefinite, disseminato nello spazio senza regole precise in forma di costruzioni in linea, di edifici puntuali o di gruppi di case unifamiliari, si pone ora la questione circa gli elementi che definiscono l'architettura tradizionale della città europea.
Si possono indicare essenzialmente quattro elementi dell'urbanistica classica: l'isolato a **blocco** chiuso, la **strada**, la **casa** con i suoi spazi di pertinenza, il **giardino** ovvero il cortile. Questi elementi, che ammettono, come è storicamente dimostrato infinite varianti morfologiche, costituiscono la struttura urbana. L'isolato a blocco è un quadrilatero delimitato su tutti i lati da case e reso accessibile tutto intorno da strade, con una divisione più o meno rigida fra strada all'esterno e giardino all'

interno. La strada è lo spazio architettonico della città, lo spazio che permette il movimento, la scena su cui si svolge la vita cittadina, il campo dell'azione sociale, insomma, il luogo pubblico.
La strada viene definita da una successione di edifici allineati (ovvero a schiera), accessibili dalla strada, i quali, insieme, modellano la facciata, ossia l'aspetto rappresentativo della strada.
Le case sono unità delimitate e identificabili, hanno un accesso e una dimensione comprensibili, rappresentano gli elementi di base di ogni struttura urbana. Possono essere di differenti dimensioni, trovarsi adiacenti o presentare spazi aperti fra loro, l'essenziale è che la disposizione degli edifici dia origine all'estensione orizzontale della strada, sia che si tratti di case unifamiliari che di grattacieli. Il Moderno ha abbandonato questo concetto, in verità molto semplice, a favore di forme di identiche dimensioni che si dispongono con regole soggettive nello spazio. W. C. Behrendt nel suo libro del 1911 sostenendo la necessità, anche per motivi economici, di facciate unitarie di grosso formato, non poteva prevedere un simile sviluppo. La qualità dominante della casa urbana è il suo carattere bifacciale. Il giardino, ovvero il cortile, rappresenta l'altro lato della casa, è l'equivalente privato dello spazio pubblico della strada. In conseguenza di ciò, può capitare che la casa presenti verso lo spazio pubblico una maschera quasi teatrale, dietro la quale si nasconda l'ambito privato, e che contemporaneamente si apra verso quest' ultimo, a favore di un rapporto più intimo tra interno ed esterno. La pianta dell' edificio si sviluppa così in un campo di tensione dialettica fra spazio pubblico e privato. La casa Tzara di Adolf Loos a Parigi presenta queste qualità in maniera esemplare collegandole ad una concezione particolarmente raffinata della pianta. Su questi temi classici dell'architettura urbana europea, così semplici e chiari, così ricchi di esempi e di possibili suggestioni si possono impostare oggi esperimenti di architettura contemporanea. Un particolare significato va attribuito in questo contesto al tema della strada e della casa, perchè questi fondamenti rappresentano la base della struttura urbana, i luoghi dove il carattere urbano si manifesta diventando chiaro e riconoscibile. Immagini idealizzate di strade sono state spesso pensate come progetti per città ideali. Gli esempi più famosi vanno dal Rinascimento, al progetto di Weinbrenner per Karlsruhe, alla Strada Nuova di Genova, ma, può essere intesa in questo senso, anche la massima di Venturi "Main street is almost all right", il suo manifesto per un'architettura pragmatica e commerciale, solo che in questo caso l'architettura degli edifici urbani non gioca più nessun ruolo. L'idea di trattare simbolicamente la città a partire da una concezione ideale di strada e casa è stata il punto di partenza per il progetto "Berlin – Genova".

Berlin – Genova

Questo progetto ha offerto l'occasione per una cooperazione fra la Fachhochschule di Potsdam e la Facoltà di Architettura dell'Università degli Studi di Genova. In entrambe le università, parallelamente, è stato realizzato un esperimento di composizione architettonica, nell'anno accademico 2003/2004, utilizzando come referenza tipologica i due sistemi urbani, pur differenti per caratteristiche intrinseche, di Berlino e di Genova. In tutte e due le città è presente, così come si è sviluppato nei secoli, un forte potenziale evocativo e una qualità dell'architettura urbana civile degna di nota. Questo potenziale è già stato riconosciuto a Berlino negli anni 1980 in occasione dell' IBA. Il valore di Genova è venuto più chiaramente alla luce, anche a livello pubblico, con le attività legate al ruolo di capitale culturale europea nel 2004. Abbiamo quindi avviato un progetto euro-

FIDICIN
BÄCKEREI

Berlin

peo con l'intento di cogliere differenze e affinità sul tema della città, avvalendoci della tradizione come scenario per l'attuale ragionamento sull'architettura urbana. Un discorso internazionale e senza frontiere, che mette a disposizione tutto il quadro tipologico del' Architettura della città europea. L'elemento caratteristico della struttura urbana di Berlino, sin dall'inizio del XIX secolo, è la cosiddetta **Mietshaus Berlinese** con una facciata rappresentativa sulla strada e ali laterali che delimitano il cortile. Le singole case stanno adiacenti l'una all'altra, formando così un fronte continuo verso la strada e una corte interna chiusa. *La Mietshaus Berlinese* è un modello multifunzionale che può adattarsi a bisogni di differente natura. Nella sua forma più elementare e nel suo utilizzo più intensivo (anche del cortile), era, inizialmente, la tipologia architettonica per il proletariato urbano. Arricchita di balconi e di bovindi, dotata di accessori lussuosi e di un cortile verde è diventata, poi, l'abitazione della borghesia benestante. Solitamente la disposizione di pianta comprende ad ogni piano due appartamenti con una scala centrale. La sua altezza (fino alla gronda) è di circa 22 metri. Oggi questa tipologia, che ormai si è affermata come una delle forme fondamentali dell'abitare urbano, viene utilizzata e apprezzata in tutte le sue varianti e nei differenti usi, sebbene la sua vicenda si sia conclusa alla fine del XIX secolo quando si iniziarono a costruire le prime *Siedlungen* nel verde.

A Genova prevale la **tipologia a blocco**: edifici singoli, affini a palazzi, isolati e allineati lungo la strada, esposti su tutti i lati. Questi edifici, nell'insieme, determinano uno spazio urbano trasparente con una tangibile relazione fra strada e parti retrostanti.

Questa tipologia, che si rifà originariamente al progetto della Strada Nuova di Galeazzo Alessi del 1550, si è poi diffusa nel XIX secolo in proporzioni maggiori a tutta la città, allora in fase di espansione. La figura principale di questo processo è stata quella dell'architetto Carlo Barabino, il cui ruolo è paragonabile a quello svolto a Berlino da James Hobrecht. Se la tipologia della *Mietshaus Berlinese* ha le sue origini nel classicismo di Schinkel e nei progetti per dei palazzi urbani del XIX secolo, la tradizione urbanistica genovese comincia già 300 anni prima, nel tardo Rinascimento. Fino agli anni 1930 la tipologia a blocco rimane, nelle zone del centro cittadino, il tipo di costruzione prevalente e il più interessante dell'architettura civile genovese. Quest'ultima, a differenza della *Mietshaus Berlinese*, rappresenta una tipologia costruttiva decisamente borghese, mentre, in analogia con questa, può essere utilizzata sia a scopo abitativo che commerciale (in particolare negozi al pianterreno). Questi tipi, distinti da grande flessibilità funzionale e da un generoso assetto spaziale, se paragonati agli edifici residenziali moderni, e che offrono la possibilità di integrare anche funzioni differenti e particolari, come cinema, teatri, piccoli magazzini, non hanno perduto ad oggi la loro attrattiva e governano la figura della strada in entrambe le città. I presupposti tipologici per l'esperimento di progettazione erano così fissati, le referenze erano chiare, in aggiunta a questi concetti, era data ferma indicazione di evitare copie storiche. L'utilizzo di una tipologia come modello astratto si presta infatti ad interpretazioni di architettura contemporanea sia per quanto riguarda la funzione e la disposizione planimetrica, sia per quel che concerne la forma espressiva.

L'esperimento progettuale

Le modalità dell'esperimento sono state formalizzate in due figure d'insieme per due differenti tipi di strada della stessa lunghezza e larghezza; un brano di strada come ambito ideale di sperimentazione. La strada, costituita dal **tipo Berlino**, era composta da sei case per ogni lato sul modello della *Mietshaus Berlinese*. Gli edifici, di cui era fissata l'altezza (della gronda) più un piano attico, erano posti accostati, muro a muro. L'altezza dei piani era definita come pure la larghezza dei corpi di fabbrica. Il **tipo Genova** prevedeva una strada in salita con cinque case per ogni lato sul modello della tipologia a blocco. Altezza e larghezza degli edifici erano anche in questo caso date. Partendo da questi elementi, ogni studente, sia di Potsdam che di Genova, era tenuto a progettare un edificio scegliendo liberamente fra le due tipologie. Un altro presupposto per il progetto era fornito dalla riflessione sulla tipologia e sulla storia della casa urbana con esempi anche oltre quelli Berlinesi e Genovesi, collegati alla questione di come sia possibile, sulla base delle attuali condizioni economiche e sociali, mettere in scena la vita urbana della città. Cinque tesi si sono dimostrate fondamentali:

1. Abitare comprende tutti gli ambiti della vita, è quindi necessario partire da una generale **multifunzionalità**, che significa strutturale generosità e neutralità della pianta. Gli accessi (ingresso, ascensori, scale) devono essere progettati in maniera adeguata. L'appartamento può essere al tempo stesso luogo di produzione e ambito privato. I piani a livello del marciapiede sono preferibilmente da destinare ad uso pubblico (negozi, uffici, atelier). Un edificio di questo genere può essere proprietà individuale o venduta per piani.

2. La vita in città prevede la **coesistenza** con le auto grazie al presupposto di un'adeguata rete stradale e di un sistema di parcheggi in superficie e sotterranei. Soluzioni per questo problema si possono sviluppare solo in contesti più grandi di quello di una singola strada. (Questo tema non è stato quindi esplicito oggetto dell'esperimento.)

3. **Funzioni speciali** come cinema, teatri, musei, gallerie, grandi magazzini, ecc. dovrebbero essere integrate, per quanto le loro dimensioni lo consentano, come gli altri usi commerciali e privati, nella struttura del corpo di fabbrica. Questi usi rappresentano uno speciale arricchimento di una certa tipologia. Ritornando l'abitare in città, anche la vita commerciale e pubblica deve trovarvi il suo spazio. Ogni edificio ha, così, il suo scenario funzionale che suggerisce caratteristiche particolari.

4. Lo **spazio rappresentativo** in cui si mettono in scena questi elementi distintivi è la strada. Gli edifici si rivolgono con tutto il loro apparire verso la strada non solo funzionalmente ma anche architettonicamente. Lo spazio della strada deve essere percepito come uno "spazio di festa" (nel senso di Gadamer) o come un "luogo teatrale" (Colin Rowe) totalmente in contrasto con gli spazi privati interni.

5. Quindi, sulla base di questi ragionamenti, l'architettura della casa urbana si manifesta verso lo spazio pubblico attraverso un'immagine rappresentativa consolidata. All'interno, invece, offre ampie possibilità sperimentali per la disposizione delle piante e le soluzioni particolari.

La forma delle case

L'architettura urbana del XIX secolo era caratterizzata da determinate caratteristiche tipologiche, planimetriche e da convenzioni stilistiche della facciata, variabili fra diverse forme di classicismo, in parte anche decorativo, che a Berlino si rifacevano alla tradizione prussiana della scuola di Schinkel e a Genova erano influenzate dalla tradizione francese e dall'Ecole des Beaux Arts. Oggi non si può più fondare nessuna architettura su convenzioni che vadano oltre l'accordo volumetrico per un piano d'insieme, così come da noi utilizzato in questa sperimentazione, a meno che un unico soggetto non pianifichi tutta una strada e stabilisca, così, le regole formali. Noi ipotizziamo l'esistenza di diversi committenti e ricerchiamo forme individuali. In questo esperimento tematizziamo gli edifici a partire dalla funzione per cui sono previsti (uso: considerato più in senso spaziale che funzionale) e a partire dalla **forma del** loro **corpo** di fabbrica così come percepito dalla strada. Questo significa che sporgenze, rientranze e tagli devono conferire agli edifici un chiaro carattere individuale. La scelta dei materiali è libera e diventa un altro fattore di individualizzazione. Il carattere dell'edificio si sviluppa così, innanzitutto, muovendo dal contesto funzionale della pianta e dall' emergere del corpo di fabbrica sulla strada. Del' 800 prevaleva la variazione stilistica della facciata in base delle piante tipologicamente definite. E' questo il principio che ha guidato la realizzazione del progetto. L'immagine della strada che ne ha origine è quella di uno spazio lineare, il cui aspetto varia con il ritmo delle case, in modo tale che il susseguirsi delle facciate appaia come una sorta di **rilievo orizzontale**. Nel caso della tipologia berlinese, si crea uno spazio chiuso con forti sporgenze e rientranze, mentre, nel caso della tipologia genovese, si ottiene un ulteriore rafforzamento dell'autonomia dei singoli edifici, come evidenziato dai palazzi della Strada Nuova.

Spazio della strada – spazio per eventi

Il risultato dell'esperimento è testimoniato da due strade, con complessivi 22 edifici, in cui le convenzioni non attenuano l'individualità dei singoli palazzi. Le strade allo stesso tempo forniscono modelli ideali per la città. Considerare la strada come uno spazio per nuovi possibili eventi, significa impiegare per ogni casa uno spettro di possibilità d'uso, il più ampio possibile e risvegliare il gioco del corpo di fabbrica dell'edificio piuttosto che limitarlo, in modo che, formandosi spazi longitudinali e trasversali, i contorni della strada acquistino un carattere più chiaroscurale che di parete piatta. Il Moderno si è fatto sostenitore di un corpo di fabbrica isolato con illimitate possibili estensioni. Se un oggetto architettonico, dotato delle caratteristiche che abbiamo indagato, viene inserito nel fronte della strada, il suo movimento drammatizza lo spazio pubblico. In questo modo, la città potrebbe approfittare contemporaneamente di più tradizioni che, grazie alla loro sinergia, si intrecciano e si completano: da una parte il disegno della strada, che assegna alle singole case un allineamento più o meno regolare e uno spazio limitato (il modello classico) e dall'altra parte la massima individualità degli edifici e del loro corpo di fabbrica come risultato del Moderno. Così le strade possono diventare spazio per una sintesi tra tradizione e attualità. Gli esempi di Berlino e Genova dimostrano che la storia europea è ricca di modelli urbani, a disposizione di tutti, che possono prestarsi come riferimento per progetti attuali. Tutto ciò può avere solo un effetto positivo sullo sviluppo della città e portare, forse, ad una nuova cultura dell'architettura civile, dove gli oggetti, malgrado la loro individualità, siano inseriti in un contesto architettonico e sociale.

Klaus Theo Brenner
in collaborazione con
Dieter Eckert (Potsdam)
Francesco Bruno, Stefano Rigoni (Genova)

End and Beginning

Today, when looking at the urban design of the last 80 years, which has spread across Europe as a result of the manifestos of classic modernism – above all Le Corbusier`s "Vers un Architecture" of 1929 – one can draw a conclusion. However, it has to be conceded that today's European cities are under a lot less pressure to expand than was the case in the past. It becomes apparent that what was being carried out in order to satisfy a tremendous residential demand was suburban housing development, not urban planning; but it also reveals that in this context the intrinsically anti-urban "dream of the noble savage" (Colin Rowe) was being dreamt without ever materializing. Suburban housing development instead of urban planning, the disintegrated rather than the compact city, the borderless blending of built and natural environments to an unbearable degree – all this has led to a state of urban destruction that is threatening our lifestyle and becoming architecturally manifest in the loss of public space and urban density (this also includes density of communication and diverse spheres of life). We should update an urban image that is coined and legitimised by European cultural history. Therein lies a hidden utopian potential, which may be investigated under contemporary conditions of construction and provide the foundation for contemporary architectural experiments. In this way, we oppose current tendencies which – by way of terms such as garden city, suburban city, intermediate city or automobile city – suggest the existence of urbanity where, in fact, it has ceased to exist, or that put the frenzy for iconic trophy projects before the search for a civic and ambitious urban architecture. So let's start again! Let's return to the city and build it wherever possible: in gaps and vacant lots, on surplus areas and derelict industrial sites – always as compact as possible, structurally and functionally interlaced and condensed. Most importantly for this: the dwelling must return to the city, because it is not, according to Martin Heidegger, some special occupation confined to special-made ghettos; rather it is every activity by which we manifest our existence on this planet. The word 'dwelling' signifies: working, recreation, being at home, engaging in social interaction, arranging our free time, going to school and much, much more. The city is the place where all this is supposed to happen – a place of proximity, density, communication and urban architecture.

Elements of Urban Architecture

In the context of suburban housing development the detached house prevailed – whether large or small, of mostly indefinite dimensions, scattered loosely and randomly about in the form of terrace rows, individual houses or clusters of detached houses. Now, however, we must investigate the classical elements of urban architecture in the tradition of the European city, which came to a grinding halt with the emergence of modernism in the beginning of the 20th century.

Essentially, there are four elements that form the basis of all urban structures: the **block**, the **street**, the **house** and the **garden** (i.e. the courtyard). It is historically proven that these elements allow for countless morphological variations. The block forms a four-sided figure with houses all around its perimeter, accessible from the street on all sides, and with a more or less rigid separation of public (the street) and private space (the garden). The street constitutes the architectural urban space, space for movement, stage set, space for social interaction – and it is public. It is formed by rows of houses (e.g. terrace houses) that are accessed from the street and which, as a whole, form the façade, indeed the representative face of the street. Houses are clearly defined, identifiable units comprising an entrance and a comprehensible scale – they are the basic components of any kind of urban structure. They may be large or small, tall or squat, standing close to each other or leaving vacant lots between them; in any event, what is essential here is that the horizontal dimensions of a street are a result of the alignment of houses, regardless of whether they are detached homes or high-rises. Modernism gave up this actually very simple concept in favour of enormous, freely-meandering edifices. The radical consequences of these structures could not yet be foreseen by W.C. Behrendt, who, in his book of 1911, supported the then contemporary claim for a "unified block front", i.e. large scale building concepts following economical requirements. The garden, or courtyard, represents the other side of the urban house – its double functionality being its most distinguished quality. It is the private counterpart of the street's public space. Whereas on the exterior, the house sometimes wears a dramatic mask that conceals the interior, the façade can open up towards the private space, thus adding to the intimate relationship between interior and exterior space. Between the public space in front and the garden at the rear, the layout of the urban house evolves as a result of dialectic interrelations. Adolf Loos' House "Tzara" in Paris exemplifies the specific qualities of an urban house and additionally boasts a particularly demanding design concept in terms of both plan and section that follows the requirements of the so-called "Raumplan" (spatial layout).

These classical themes of European urban architecture, which are so simple and clear and are offering such a wealth of examples and possible solutions, may provide the foundation for contemporary urban experiments. In this context, the theme of "street and house" is certainly of utmost importance, since therein lies the heart of urbanity, its visible and conceivable essence. Designs of ideal streets were often conceived as architectural designs of ideal cities. Apart form the well-known examples from the renaissance, Weinbrenner's layout for Karlsruhe or the Strada Nuova in Genoa, this also applies to Venturi's statement that "Main street is almost all right" – his manifesto for a pragmatic, commercialised urban architecture, in which, however, the architecture of individual houses no longer plays a role. The starting point of the project "Berlin – Genova" was the idea of developing an ideal constellation of street and house as a symbolic image of the city.

Berlin - Genova

This project provided the opportunity for a collaboration between the Fachhochschule Potsdam and the Università degli studi di Genova, Faccoltà di Architettura. The design experiment was carried out in both universities at the same time during 2003 and 2004. In this context, the fundamentally different urban systems of Berlin and Genoa formed the typological points of reference. Both systems portray the quality and potential of the civic urban architecture as it has developed in both places over the centuries or decades. This potential was already recognised by the international building exhibition (IBA) in Berlin during the 80s. In Genoa it only took a centre stage during the city's events as the cultural capital 2004. This has to do with a European project. It highlights differences and common ground with regard to our topic and uses tradition as the background for the current discussion on urban architecture, which nowadays has to be led on an international level and across all typological boundaries, making the entire scope of European urban architecture accessible.

Since the early 19th century, the so-called **Berlin tenement**, comprising one representative façade and side wings forming a courtyard, has been the essential element in Berlin's urban structure. The individual houses stand wall to wall, forming a continuous street front and an enclosed area of courtyards. The model of the **Berlin tenement** is multifunctional and able to adapt to different social conditions. In its most elementary form and during maximal occupation (including the courtyard wings) the tenement was the typical building of the working class. When equipped with balconies and oriels, luxurious furnishings and green courtyards, it also attracted the prosperous middle classes. Usually, the street façade comprises two apartments and a stairway in between. The height of the eaves is about 22 meters. Today, the Berlin tenement is used in all sorts of variations and for different practical applications. It is highly appreciated and remains the basic form of urban living, although the history of its construction came to a first halt at the end of the 19th century with the start of suburban housing development.

The urban structure of Genoa is dominated by the **Tipologia a Blocco**. These are detached, palazzo-type houses that are aligned along the street with narrow gaps between them. They are urban terraced houses whose layouts receive daylight from all sides, and which together form a transparent urban space with a certain degree of permeability between street and garden. Originally, this typology dates back to Galeazzo Alessi's 1550 design of the Strada Nuova, with its row of feudal, highly independent palazzi, and was gradually applied to the entire expanding urban area in the 19th century. The architect and urbanist Carlo Barabino became the key figure of this process, much like James Hobrecht in Berlin. Whereas in Berlin the typology of the tenement goes back to Schinkel's classicism, with his designs for the urban "Wohnpalais" in the 19th century, the Genoese tradition starts 300 years earlier during the Renaissance. The Tipologia a Blocco remained the dominating and most attractive building type of Genoa's civic urban architecture until the 1930s. However, in contrast to the Berlin tenement it represents a rather middle class building type. Yet, like the Berlin tenement, it can be used for residential as well as commercial purposes (above all, shops on ground floor). The multi-purpose character of both building types, their generous (in comparison with more recent developments) layout, which provides the opportunity to integrate special uses like cinemas, theatres, and small department stores, has not lost its appeal to the present day. Consequently, both building types dominate the appearance of their cities.

This provided the typological basis and the references for the design experiment. Nevertheless, it was made clear that exact historical copies should be avoided. As an abstract model, the building type lends itself to contemporary interpretations of function and plan, as well as appearance.

The Design Experiment

The parameters for the experiment were set in two different street layouts of equal length and width: a piece of street functioning as an idealised testing ground. The **Berlin-Type** consisted of six houses on either side of the street, following the example of the Berlin tenement with a fixed eaves height and a single-storey loft. All houses were positioned wall-to-wall. Both ceiling heights and widths of the houses were predetermined. The **Genoa-Type** was allotted to an ascending street with five detached houses on either side modelled on the Tipologia a Blocco. Street width and height and width of the houses were determined with respect to the Berlin-type. On this basis, each student was to design one house of a certain type.

The students in Potsdam and Genoa could choose freely from either typology. The examination of the typology and history of the European urban house served as a further basic design principle, going far beyond the Genoa and Berlin examples, and was associated with the issue of how street life can be organised under contemporary economic and social conditions. Altogether, five propositions turned out to be fundamental:

1. Urban living encompasses all areas of life. Designers have to provide the building with a general degree of **multi-functionality**, in other words a structurally generous and flexible layout and fastidiously arranged circulation areas (lobby, elevator, stairways). The apartments may serve both commercial and private purposes at one time. The ground floor and basement levels, which are connected directly to the pavement, are reserved for public use (shops, offices, studios). Such a building could be developed, bought as an individual property or marketed on a floor-by-floor basis.

2. Today, urban life within a city includes **coexistence** with the automobile, which presupposes adequate street profiles and sensible parking concepts above and below ground (however, this topic should be the subject of planning proposals on a larger scale and was not an explicit part of the assignment).

3. Where applicable, **special-use** areas such as cinemas, theatres, museums, galleries and small department stores should be integrated within the confinements of the urban house, just like all other private and commercial utilities. They add to the quality of this building type. Just as housing moves back into the city, so shall public life find its place in these houses. This way, every house will find its very own functional scenario, which lends it a unique characteristic.

4. The **area of effect** of these characteristics is the street. In its entirety, the house turns towards the street: not only in functional but also in architectural terms. In total contradiction to the private interior spaces, the street is perceived as a "festive space" (Gadamer) or "theatrical scene" (Colin Rowe).

5. Accordingly, the architecture of the urban house shows a representative façade to the outside and offers an open field for experimental layouts on the inside.

Shaped Houses

The urban architecture of the 19th century was mainly dominated by standardised layouts and stylistic conventions with different variations on the theme of decorative "façade-classicism" (in Berlin it was based on the Prussian Schinkel tradition, in Genoa it was influenced by France and the Ècole des Beaux Arts). However, urban architecture today cannot be based on design conventions that go any further than the "masterplan" we introduced as a common denominator – unless a potential client develops an entire street and dictates the planning rules. We continue to believe that individual clients and design intentions will prevail. Under the conditions of the design experiment, the houses are mainly defined through their programme (in the sense of spatial arrangement rather than pure functionality) and their **physical shape** as perceived from the street. That means protrusions, recesses or notches are supposed to give the individual house its character. The designers have free choice of material, which further enhances the individuality of the houses. This way, the character of the buildings will develop primarily from the functional plan layout and the physical nature of the façade and not (as was the case in the 19th century) as stylistic variations of a façade theme based on predetermined standard layouts. This is the proposition that the designs are based on. The consecutive arrangement of such houses creates the image of a linear space whose three-dimensional appearance is rhythmically sequenced by the houses. The façade development will appear as a kind of **horizontal relief**. In the case of the Berlin-type, this will result in a fully enclosed "street-scape" with strong protrusions and recesses. In the case of the Genoa-type, this will further enhance the individual character of the single house as already implied by the street layout.

Street as a Defined Space and Space of Activity

The result of the project – two streets with a total of 22 individually designed houses – equally represents the concept of an ideal city where conventions do not subdue the individual character of individual houses. Staging the street as a space of activity means integrating as many different uses into the individual houses as possible and stimulating rather than subduing the interplay of the edifices. This creates transversal and longitudinal spaces that will give the edges of the street the character of a maze rather than that of a solid wall. Modernism preached about the detached volume with the ability for unlimited expansion. Were this edifice to be tied into the street front, such a movement would dramatise the public space. In this way, the city could at once benefit from different lines of tradition that overlap and supplement each other. On the one hand this would involve the classical street layout that confines the individual houses to a more or less regular, repetitive pattern; on the other hand, the houses take on a highly individual physical appearance as a result of modernism. Thus streets can become spaces of activity at the borderline of present and past. The examples of Berlin and Genoa show that there is an abundance of freely available historical models of European urban architecture that may serve as a reference for contemporary proposals. The development of the cities can only benefit from such proposals and possibly it will lead to a new culture of civil urban architecture, where single objects – as individual as they may be – are integrated into an architectural and social context.

Klaus Theo Brenner
in cooperation with
Dieter Eckert (Potsdam)
Francesco Bruno, Stefano Rigoni (Genoa)

BERLIN I BERLINO

HÄUSER I CASE I HOUSES

Querkanthaus – Christoph Alff

Street elevation

Wohnhaus mit Café und Galerie
Die Kubatur des Gebäudes gliedert sich in einen Sockel und eine Wohnzone. Im Erdgeschoss befinden sich ein Café und eine Kunstgalerie, die sowohl über das erste Geschoss als auch den Skulpturenhof korrespondieren. Dem Aufbau der Wohnungen liegt ein klassisches Schema zugrunde. Ein zentraler Bereich enthält die Nebenräume sowie die Erschließung. Der Salon und das Esszimmer orientieren sich zur Straße und der Schlafraum zum Hof.

Caffè Bar – Galleria d`arte – Abitazione
L'edificio é caratterizzato da due zone: il basamento, a carattere pubblico, e la zona abitativa. Al piano terra si trovano un caffè-bar e una galleria d'arte. Questi sono collegati sia attraverso un cortile, dove sono collocate delle sculture, sia al primo piano. L'organizzazione degli appartamenti segue uno schema classico. La zona centrale comprende l'accesso all'appartamento e i vani come cucina e servizi. I soggiorni e le sale da pranzo si orientano verso la strada, le camere da letto verso il cortile.

Apartment Building with Café and Gallery
The cubature of the building is made up of a base and a residential zone. On the ground floor there is a café and an art gallery, which are linked to each other via the first floor and the sculpture courtyard. The layout of the apartments is based on a classical pattern. A central area contains secondary spaces and circulation areas. The front and dining rooms face towards the street and the bedroom faces towards the courtyard.

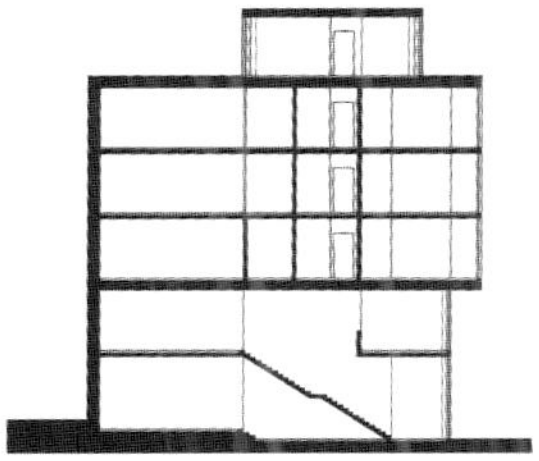

Section

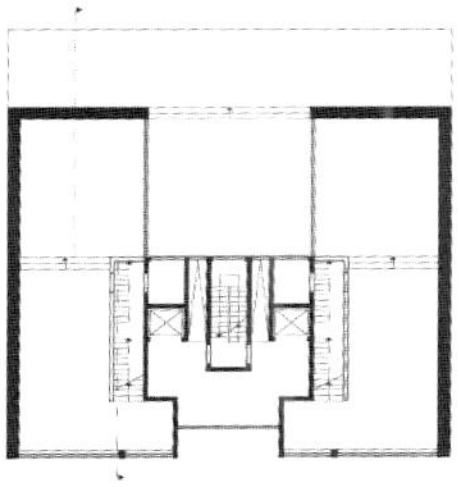

Ground floor

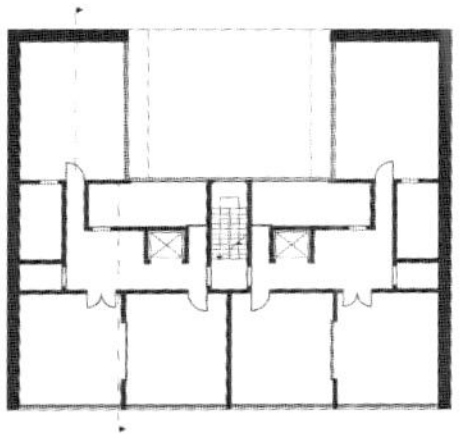

2nd floor

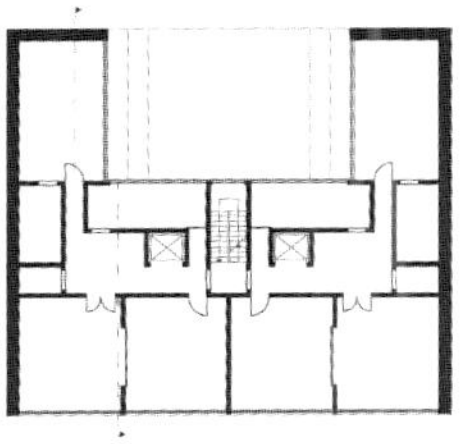

3rd floor

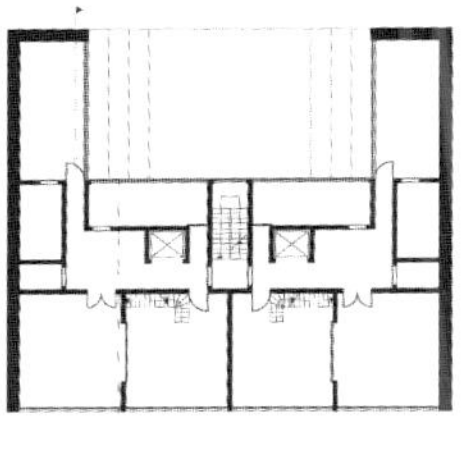

4th floor

Hofhaus – Annelie Zech

Street elevation

Wohnhaus mit Läden

Merkmal dieses Stadthauses ist sein Hof, der von den beiden gegenüberstehenden Gebäuderiegeln umschlossen wird. Durch die Bewegung des Baukörpers an der Straßenfront erlangt der Hof umso mehr an Bedeutung. Das Gebäude ist mit einer einheitlichen Fassadenstruktur überzogen, innerhalb dieser entsteht ein Spiel aus bündigen Festfeldern und zurückspringenden Holzrahmenfenstern.

Edificio d´abitazione con negozi

Segno caratteristico di questo palazzo è il cortile racchiuso tra due corpi di fabbrica contrapposti. Il cortile trae la sua importanza grazie alla deformazione dell`edificio su strada. Il palazzo è rivestito da materiali omogenei. In facciata si crea un gioco di aperture: alcune finestre sono inserite mantenendo il filo della facciata stessa, altre, ritagliate da una cornice in legno, formano rientranze con rilievi chiaroscurali.

Apartment Building with Shops

The main feature of this urban house is the courtyard, which is enclosed by two opposing buildings. The emphasis on the courtyard is even enhanced by the undulating street façade of the edifice. The building features a unified façade structure, which creates an interplay of flush-mounted window areas and recessed timber casement windows.

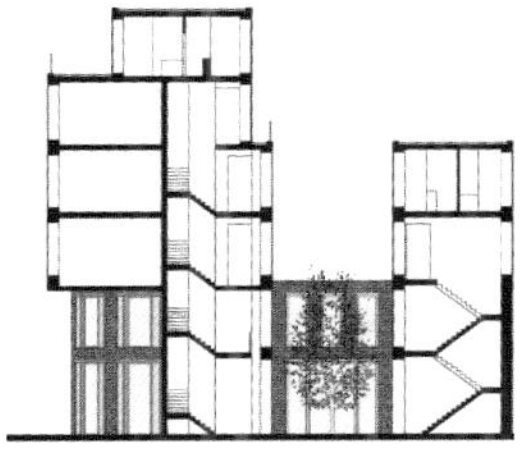

Section

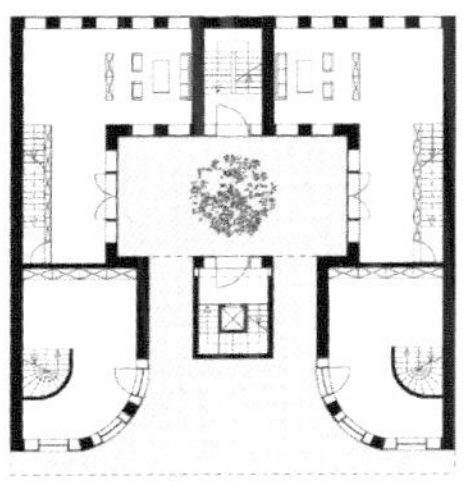

Ground floor

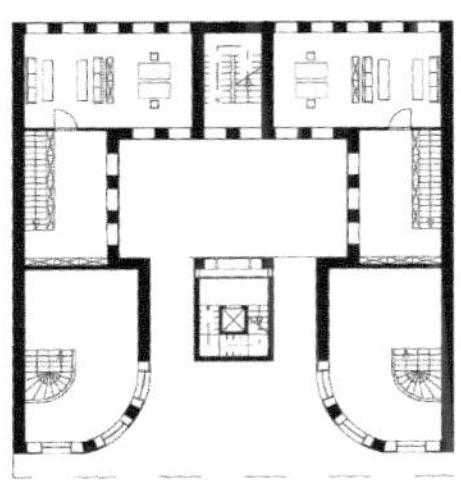

1st floor

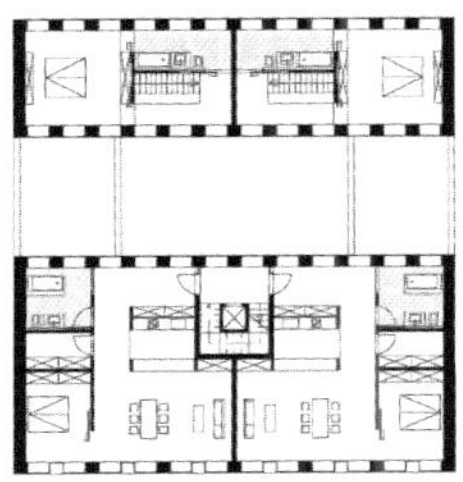

4th floor

Lamellenhaus – S. Evert Indrawan

Street elevation

Studentenwohnheim

Das Projekt konzentriert sich auf die Beziehung zwischen den Bewohnern und der Straße im Zusammenhang mit dem Thema „Stadt – Straße – Haus". Ein schwebender, semimassiver Körper lässt die Bewohner die Straßenatmosphäre unmittelbar erfahren. Natürlich können die Lamellen auch als (Sicht-)Schutz dienen. Dieses Projekt reflektiert die Schnelligkeit und Modernität der Großstadt durch seinen horizontal akzentuierten schwebenden Körper.

Casa dello studente

Questo progetto si fonda sulla relazione tra l'abitante e la strada. Un corpo sospeso semi-massiccio lascia libera, grazie a delle lamelle, la relazione visiva con la strada e le sue atmosfere. Allo stesso modo, le alette possono offrire una protezione per gli abitanti funzionando come filtro tra casa e strada. Questo progetto riflette la velocità e la modernità della metropoli attraverso la sua forma sospesa accentuata dalle linee orizzontali.

Student Accommodation

The project focuses on the relationship between residents and the street, in accordance with the theme "City – Street – House". A floating, half-solid edifice enables the residents to experience the street atmosphere directly. Of course, the residents can also use the louvers as solar blinds or screens. By means of the horizontal, hovering expression of the edifice, this project reflects the pace and modernity of the metropolis.

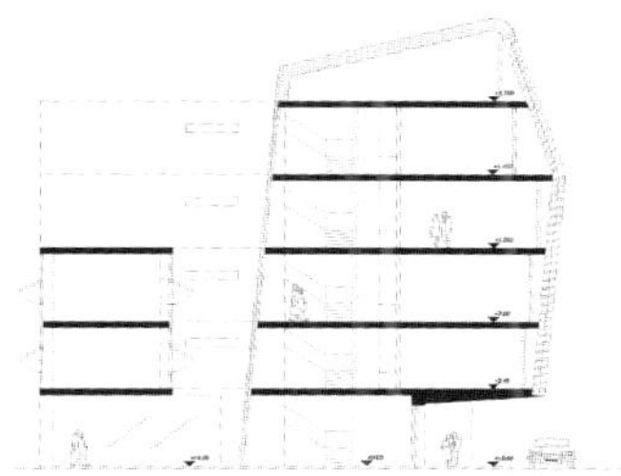

Section

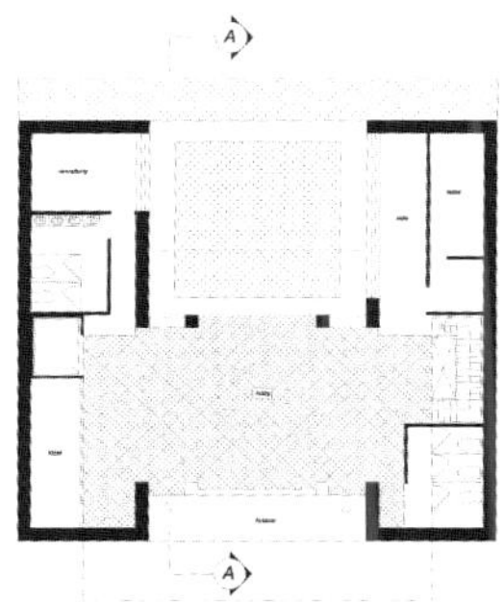

Ground floor

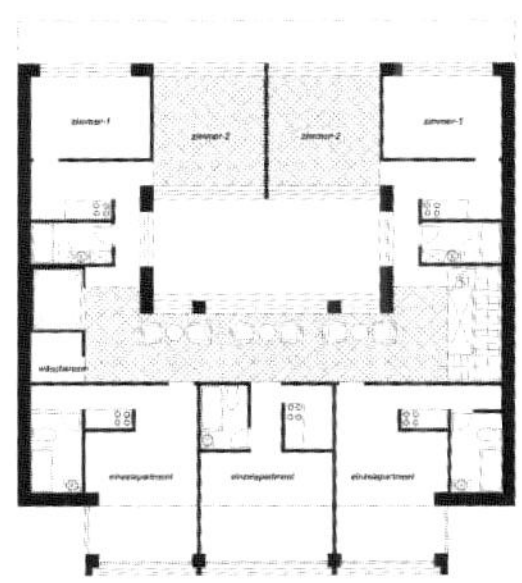

2nd floor

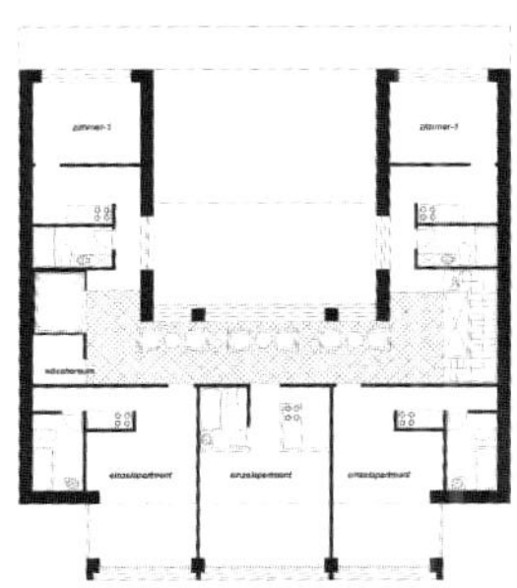

3rd floor

Gallery 63 – Katrin Heßbrüggen

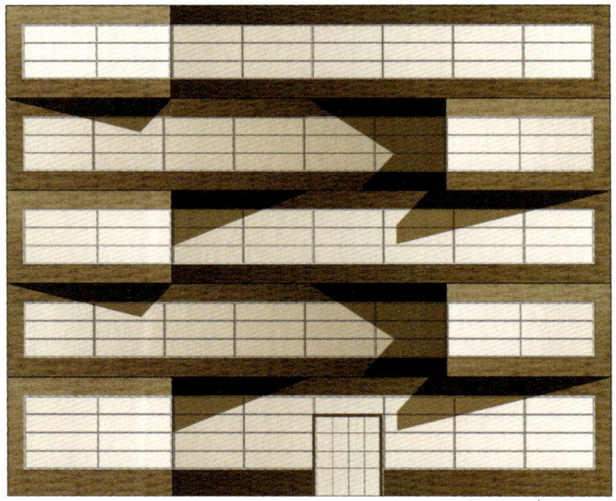

Street elevation

Museum für moderne Kunst
Der massive Baukörper öffnet sich aufgrund der Faltung der einzelnen Geschosse zur Straße hin und kommuniziert mit ihr. Wegen der Schrägstellung der Wände haben sich heraustretende Ecken und nach innen gekehrte Nischen gebildet, wodurch das Gebäude bewegt wirkt.
Auf der Straßenseite befindet sich je Geschoss ein asymmetrischer, 200 m^2 großer Ausstellungsraum. Die diagonalen Unterzüge, welche die Außenform des Gebäudes aufnehmen, spiegeln sich auf den Böden als rautenförmige erhöhte Podeste wieder.

Museo per l'arte moderna
Il volume si affaccia su strada con un gioco di incastri tra i vari piani. L'edificio vuole in questo modo trovare relazioni con la strada. In virtù dell'inclinazione delle superfici si creano degli angoli sporgenti e delle nicchie nascoste che danno movimento all'edificio.
Verso la strada si trova, ad ogni piano, uno spazio espositivo asimmetrico di 200 m^2. Le travi che attraversano la sala in diagonale riprendono le linee esterne del corpo. La struttura del soffitto si riflette sul pavimento tramite sostegni a forma di rombo su cui sono esposte le opere d'arte.

Museum for Modern Art
The convoluted individual storeys open this solid edifice up to the street and engage in active communication with it. Due to the inclined walls, protruding corners and recessed niches have formed, which give the building an animated appearance.
An asymmetrical 200m^2 exhibition space, whose layout follows a structural ceiling grid, is situated on every floor, facing the street. Lozenge-shaped raised pedestals on the floor reflect the diagonal girders that follow the exterior shape of the building.

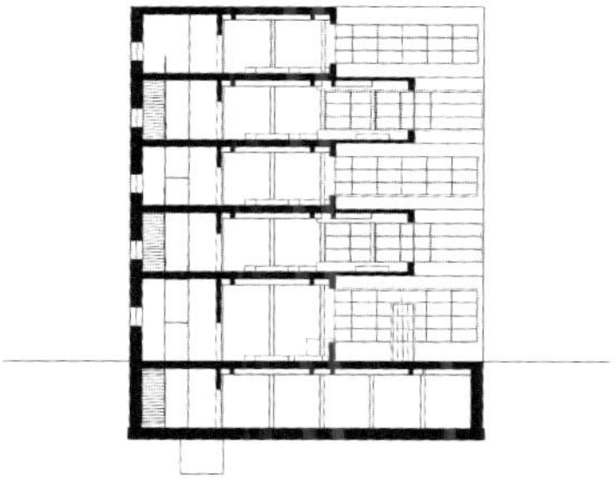

Section

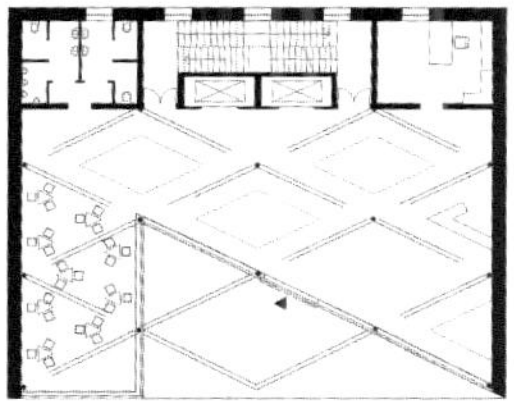

Ground floor

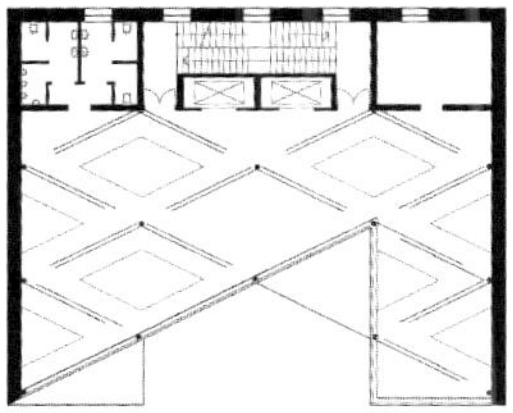

1st and 3rd floor

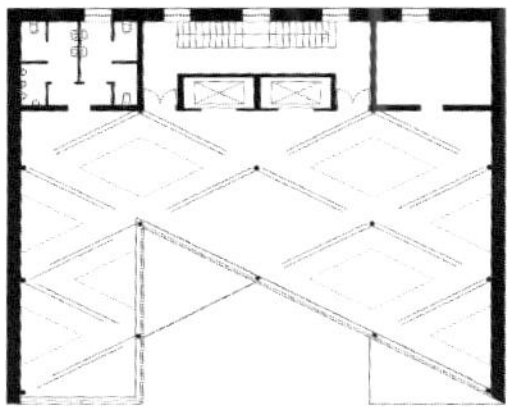

4th floor

H-Haus – Dorothee Dietz

Street elevation

Wohnhaus mit Läden

Das Projekt konzentriert sich auf die Verbindung zwischen Stadt, Straße und Haus. Ausgangspunkt war die Form des typischen Berliner Blockhauses, aus der ein neues Volumen entworfen wurde, das die Straße stimulieren soll. Der Baukörper weist eine H-Form auf, in der eine T-Form entsteht. Dadurch wird eine klare Trennung in verschiedene Zonen mit unterschiedlichen Nutzungen erzielt.

Edificio d'abitazione con negozi

Il progetto si basa sul collegamento tra città, strada e casa. Punto iniziale del progetto è stata la forma tipica del blocco berlinese, interpretata attraverso una volumetria che dialoga con la strada e la sua esteriorità. Il corpo di fabbrica è stato pensato a forma di H, in questa si inserisce una forma a T. Grazie a questa separazione netta si dividono palesemente le zone dell'edificio, ognuna distinta in ragione del proprio uso.

Apartment Building with Shops

The project focuses on the relationship of city, street and house. Based on the typical Berlin tenement, a new kind of edifice was conceived that is designed to stimulate street life. The edifice has an H-shape, which gradually evolves into a T-shape. This separates the space into clearly defined differing zones, all of which have varying uses.

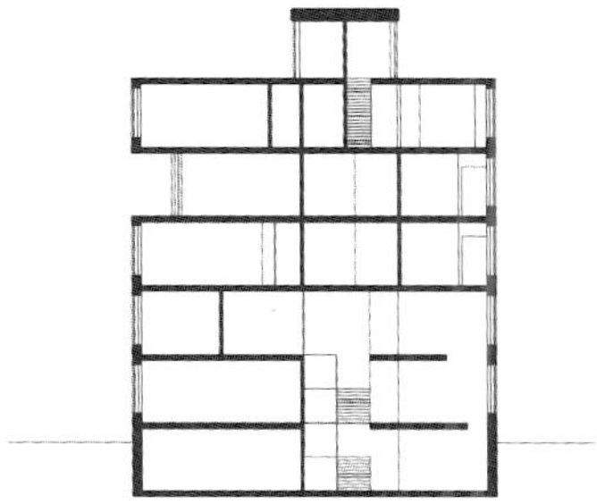

Section

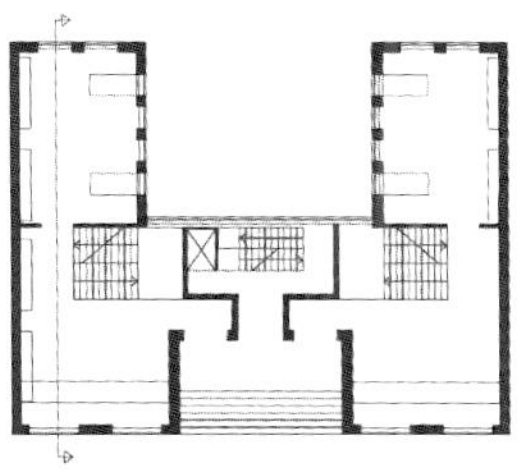

Ground floor

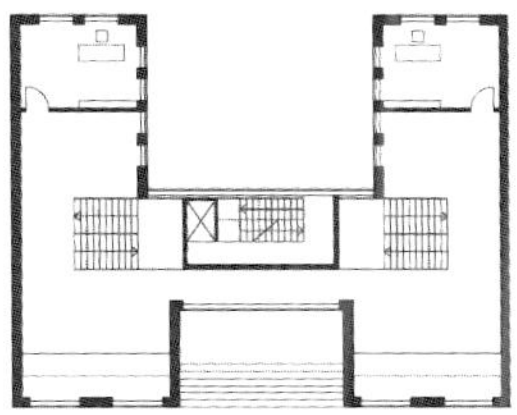

1st floor

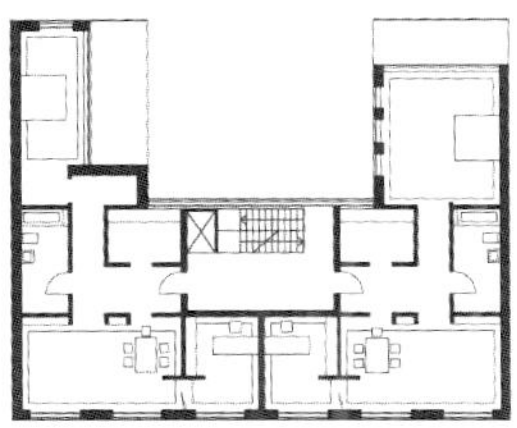

2nd floor

4th floor

Das Medienkaufhaus – Johanna Witt

Street elevation

Medienkaufhaus

Die Öffnungen der sonst homogen geschlossenen Sichtbetonfassade sind auf den unten mittig eingezogenen Eingangsbereich reduziert. Darüber wölbt sich infolge des nach vorne oben versetzte Erschließungssystems die so genannte „Vitrine" über die Straße. Das Haus stellt durch seine minimalistische Fassadengestaltung ein monumentales Stadthaus dar. Nach außen transportiert es einen einerseits monolithischen Gebäudecharakter, der sich aber andererseits harmonisch in den Straßenzug eingliedert.

Grande Magazzino-Mediateca

L'edificio si presenta con una facciata di cemento a vista. L'apertura in facciata è ridotta alla zona d'ingresso centrale, al di sopra del quale sporge la grande vetrina su strada. Il corpo di fabbrica interpreta il carattere del palazzo monumentale grazie al design minimale e alla monoliticità della facciata inserendosi armonicamente nella strada. L'aspetto introverso dell'edificio offre al cliente ambienti connotati da tranquillità e concentrazione.

Media Department Store

There are only two openings in this otherwise homogeneous exposed concrete façade: firstly, a single centrally-recessed entrance area located at the bottom; secondly, the so-called "display case" arches across the street, created as a result of the circulation system that was shifted to the upper part of the front section. Due to its minimalist façade design, the house represents a monumental urban building. It communicates a building character that is monolithic, but which nevertheless integrates itself harmoniously into the street of houses.

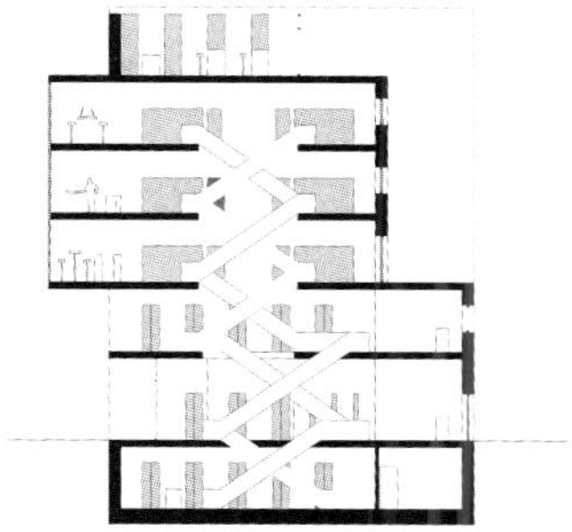

Section

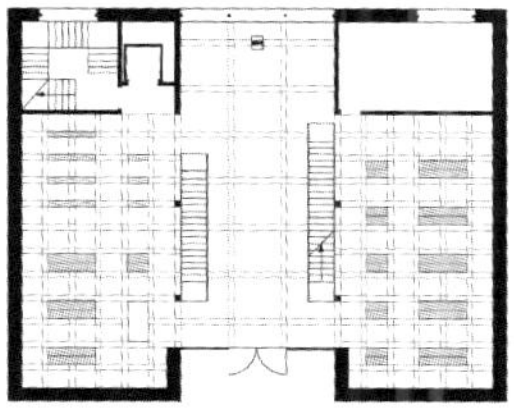

Ground floor

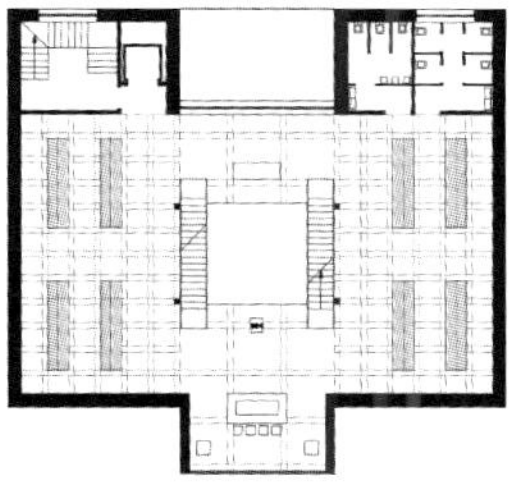

2nd floor

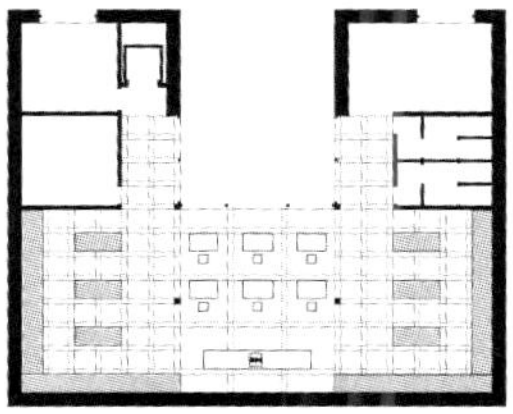

5th floor

Grid House – André Ramin Sadjadian

Street elevation

Wohnhaus mit Läden

Fünf Streben durchkreuzen die Geschossebenen und lassen ein klares Gitter auf der Fassade entstehen. Offene und geschlossene Oberflächen ergeben die Baukörperskulptur. Die raumhohen Öffnungen sind großzügig, sie geben viel Licht, Luft und Transparenz im städtischen Raum. Der im Hofbereich terrassierte Baukörper verspricht hier Sicherheit, Freiraum und Individualität. Der Zweispänner bietet verschiedensten Wohnformen Platz.

Edificio d'abitazione con negozi

Cinque maschi murari disegnano i vari piani e creano una chiara struttura di facciata. L'alternanza di superfici aperte e chiuse fa apparire il corpo come rivestito da una trama regolare. Le finestre degli appartamenti, aperte da pavimento a soffitto, lasciano entrare luce e aria e, soprattutto, creano trasparenza verso lo spazio cittadino. All'interno del cortile, grazie ai terrazzi, si creano spazi individuali, intimi e liberi. Due appartamenti su ogni piano offrono la possibilità di distribuire diverse tipologie d'abitazione.

Apartment Building with Shops

Five props penetrate the different floor levels, projecting a clear grid onto the façade. Open and solid fields create the overall building sculpture. The floor-to-ceiling openings are generous in size and generate an abundance of light, air and transparency in the urban space. In the courtyard, the edifice comprises stepped back terraces, promising much safety, freedom and individuality in this area. The double-loaded building with one access staircase contains a great variety of living forms.

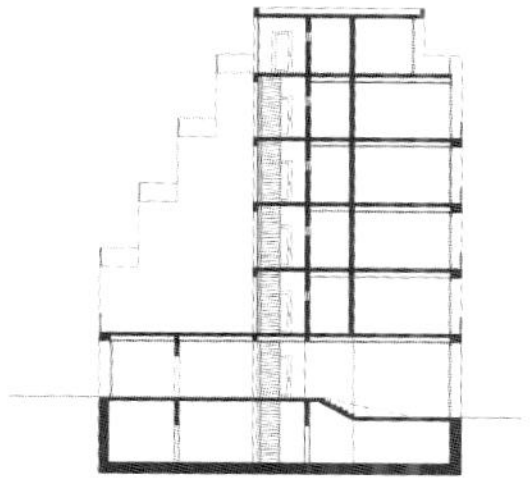

Section

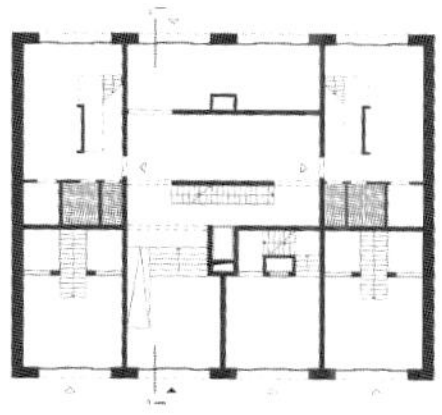

Ground floor

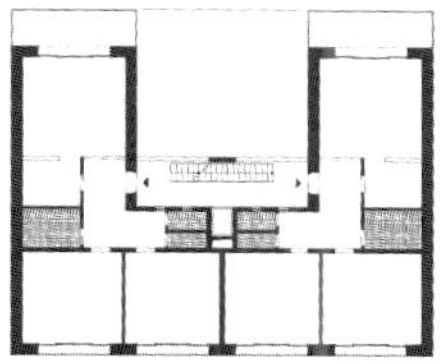

2nd floor

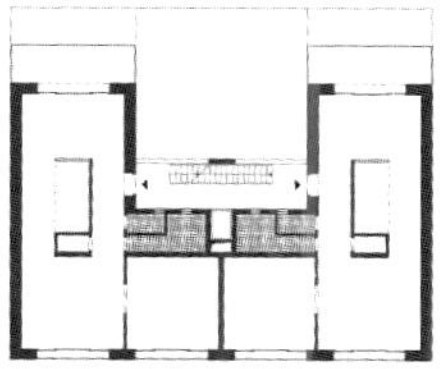

3rd floor

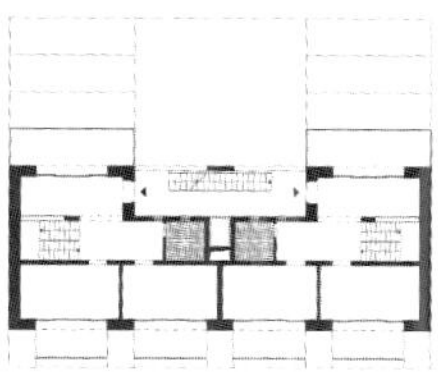

5th floor

Mäanderhaus – Lena Jastram

Street elevation

Straßentheater
Das Gefüge des Gebäudes wird durch den Mäander bestimmt, der sich als Band durch den Baukörper zieht. Der weit in den Straßenraum hineinragende Vorsprung erzeugt eine starke körperliche Figur. Das Haus, in dem ein kleines Theater Platz findet, nimmt im Straßenraum eine besonders herausragende Stellung ein.

Teatro di Strada
La sezione dell 'edificio è costruita sulla metafora del meandro che scorre come un nastro attraverso il corpo di fabbrica. L'aggetto sporgente sulla strada crea una figura molto forte. Il palazzo, in cui si trova un piccolo teatro, si rivela in maniera espressiva su strada.

Street Theatre
The "meandering volume" determines the structure of the building, snaking through the edifice like a ribbon. The large cantilever, which protrudes far into the street, creates a strong sculptural gesture. The building, which contains a small theatre, takes the foremost position on the street.

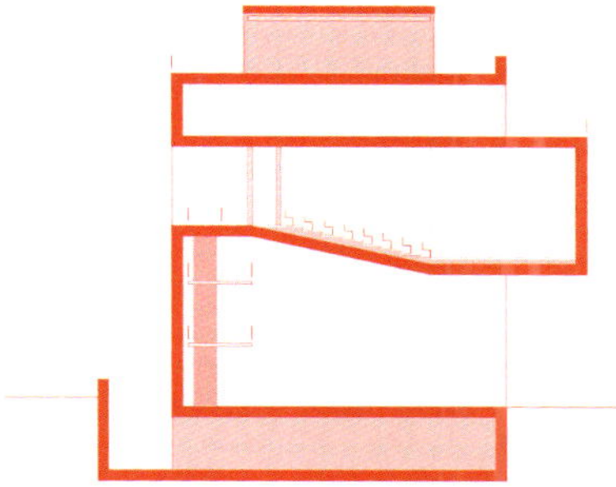

Section

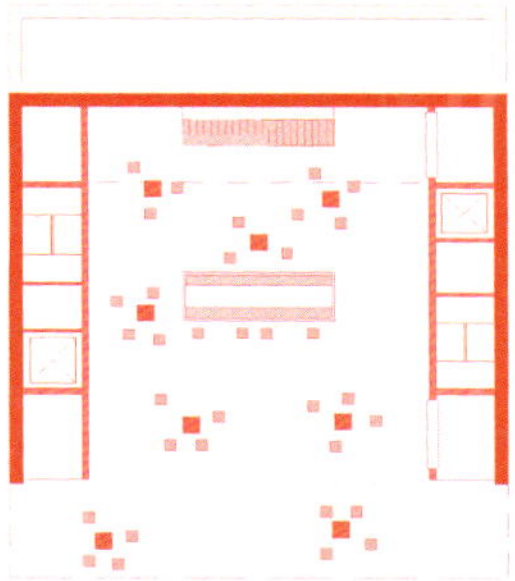

Ground floor

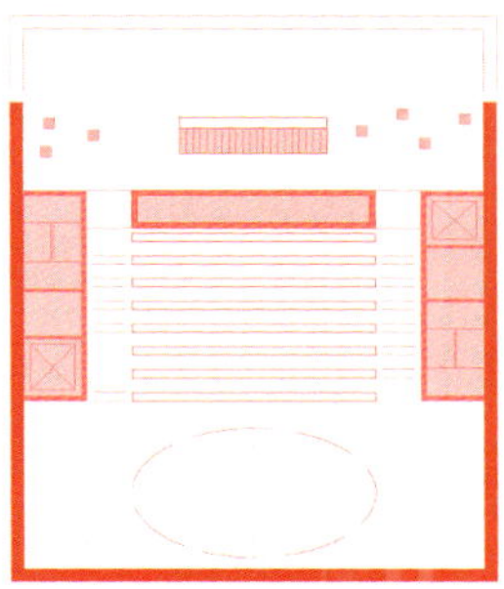

1st floor

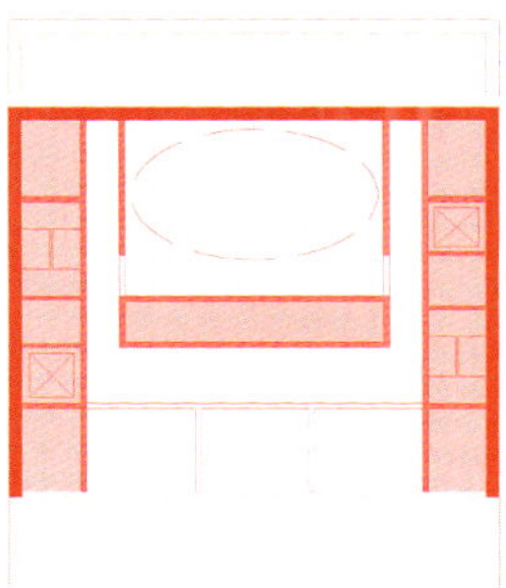

2nd floor

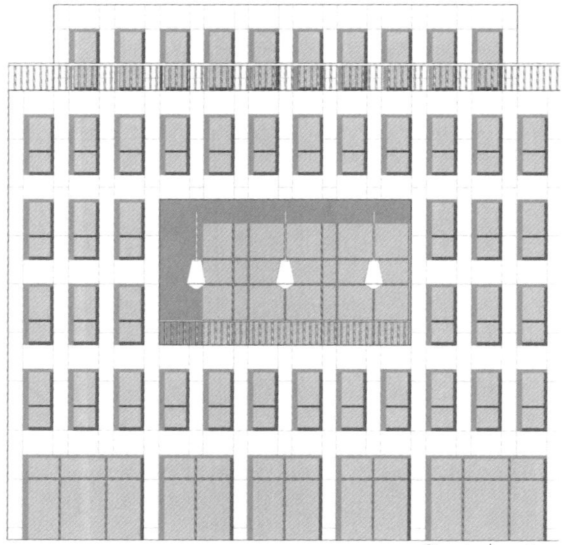

Street elevation

Hotel

Merkmal des „Hotel Berlin" ist eine große zweigeschossige Loggia. Hier findet die Vernetzung zwischen der Stadt, der Straße und dem Haus statt: Die Loggia öffnet sich groß und weit und bespielt mit ihrem Innenleben die Straße. Gleichzeitig ist die Straße Kulisse für das Haus. Man beobachtet von der Loggia aus die Stadt und wird von ihr beobachtet.

Albergo

Segno caratteristico dell'Hotel Berlin è una grande loggia su due piani. Questa opera da collegamento tra la città, la strada e l'edificio. La loggia si apre con generosità sulla strada e, come un palcoscenico, offre alla strada sottostante la messa in scena della vita all'interno dell'albergo. Allo stesso modo la strada crea la quinta per l'albergo. Dalla loggia si può osservare ed essere osservati nello stesso momento.

Hotel

A double-height loggia is the main feature of the Hotel Berlin. Here, city, street and house are linked together: the loggia opens up towards the outside in an expansive gesture, exposing its interior to the street. At the same time, the street acts as the stage set for the house. One can observe the city from the loggia and is at the same time observed by the city.

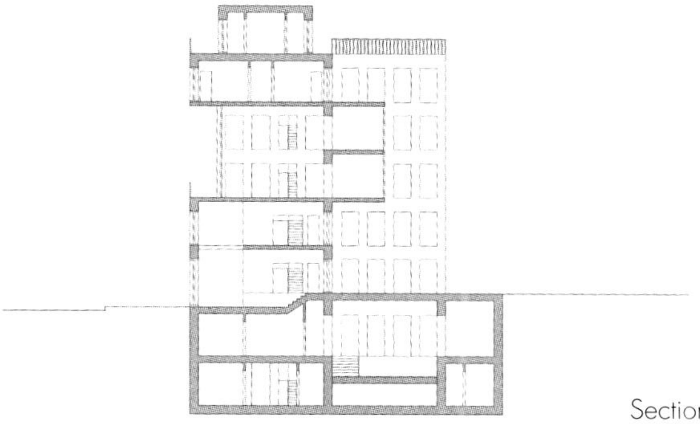
Section

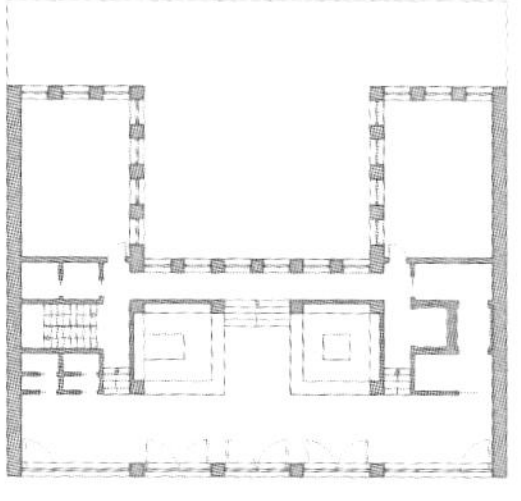
Ground floor

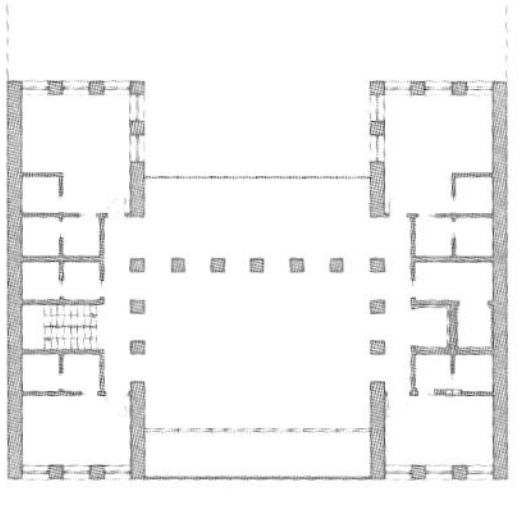
3rd floor

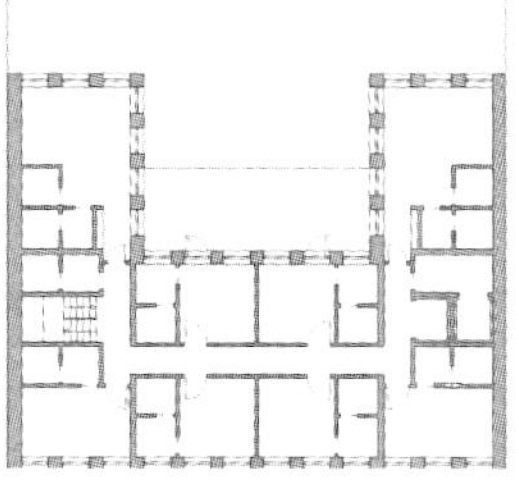
4th floor

Bilal Bank – Stefano Bandieri

Street elevation

Bank
Dieser Entwurf geht von der Hypothese aus, dass die strikte Trennung zwischen dem öffentlichen Raum der Straße und dem privaten des Hauses, in diesem Fall dem einer Bank, aufgehoben wird. Der Gebäuderücksprung schafft an der Straße eine Nische, die sowohl Aufenthaltsort als auch Eingangssituation ist. Der gewollte Charakter der „Durchdringbarkeit" des Gebäudes wird durch das Glas und die konstruktive Struktur orthogonal zur Straße unterstützt.

Banca
Il progetto nasce dall'intenzione di annullare la distinzione netta tra spazio pubblico della strada e spazio privato proprio dell'edificio, in questo caso una Banca d'affari. La deformazione volumetrica in negativo crea lungo la strada una "nicchia" che invita alla sosta e accompagna l'entrata. Il carattere di permeabilità voluto nell'edificio è accentuato dagli elementi di chiusura in vetro e dalla struttura portante trasversale alla strada.

Bank
This design is based on the contention that the strict separation between public street space and private interior (in this case a bank) should be abolished. The recess on the street level creates a niche that serves as a public space and an entrance area. The glazed areas and the supporting structure, which is positioned at right angles to the street, create the building's desired transparency.

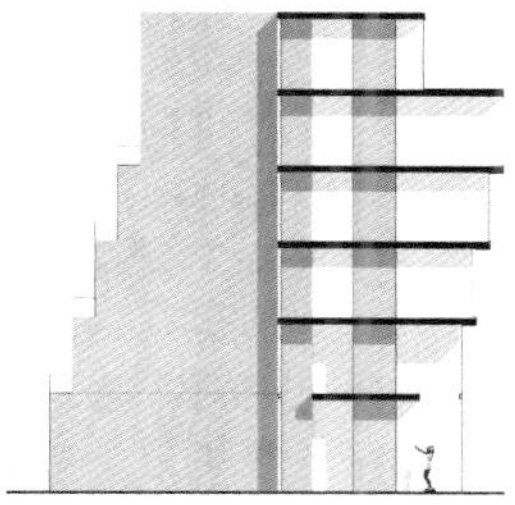

Section

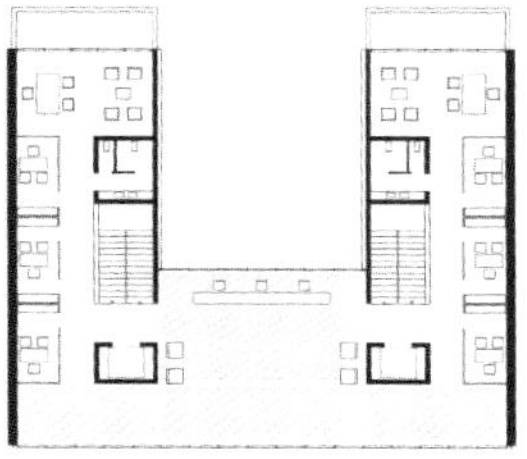

Ground floor

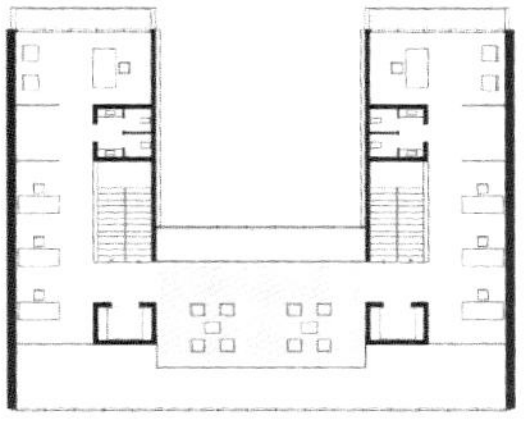

1st floor

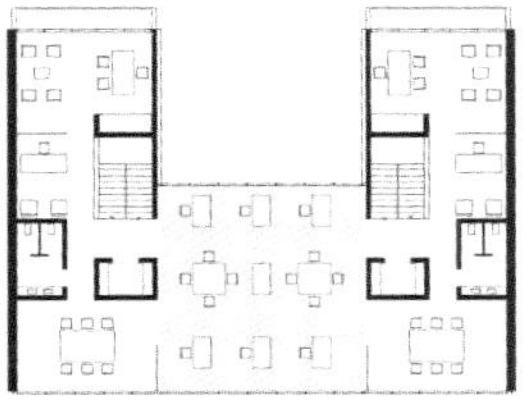

3rd floor

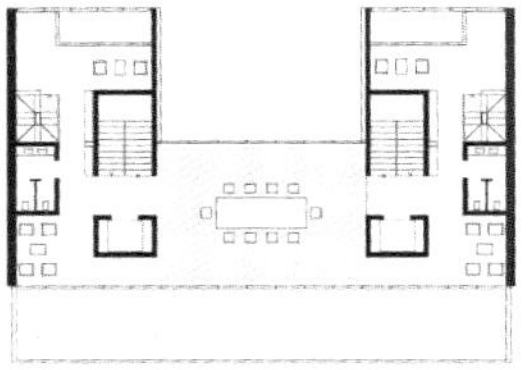

5th floor

Wohnhof – Patrick Giromini

Street elevation

Wohnhaus mit Läden

Dieses Projekt stellt zwei essentielle Aspekte der Stadtarchitektur dar: den öffentlichen zur Straße und den privaten im Inneren des Gebäudes. Das Haus ist um einen Hof gebaut, zu dem hin sich die Wohnungen und die kommerziellen Bereiche orientieren. Die Fassade zur Straße stellt die einzige Öffnung nach außen dar, die betont wird durch den vorspringenden zentralen Körpervorsprung. Der Unterschied zwischen Wohnteil und kommerziellem Bereich kommt klar zum Ausdruck.

Edificio d´abitazione con negozi

Il progetto sviluppa due aspetti essenziali dell' architettura urbana: da un lato quello pubblico, aperto su strada, e dall'altro l'aspetto privato interno all'edificio. Il progetto si struttura attorno ad un cortile su cui affacciano gli appartamenti e i livelli commerciali. La facciata principale costituisce l'unica apertura verso l'esterno, sottolineata dalla sporgenza del corpo centrale, ed esprime la distinzione tra residenza e parti commerciali.

Apartment Building with Shops

This project represents two essential aspects of urban architecture: the public, which, faces the street, and the private interior. The apartments and commercial areas are orientated towards a courtyard that is enclosed by the building. The street façade features the only real connection to the exterior, which is emphasised by the cantilevered central volume. The design makes a clear distinction between residential and commercial areas.

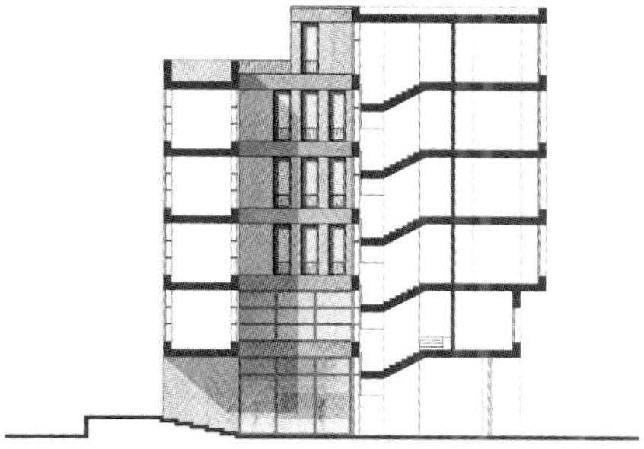

Section

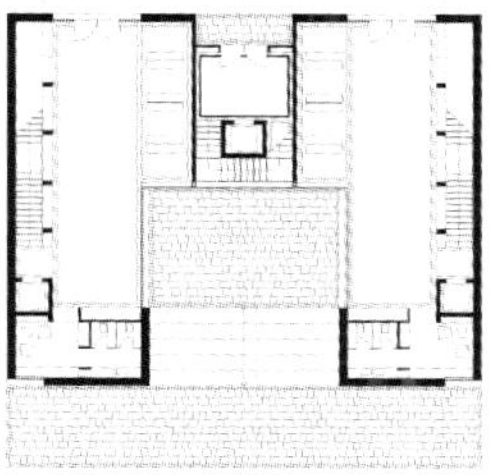

Ground floor

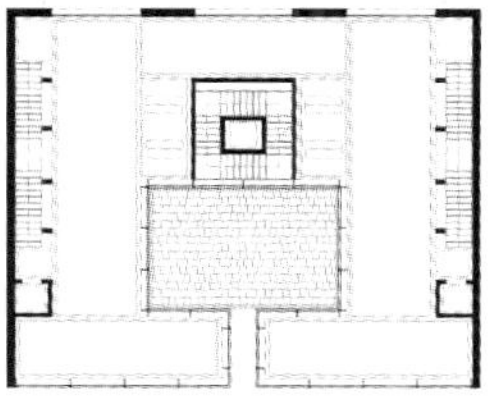

1st floor

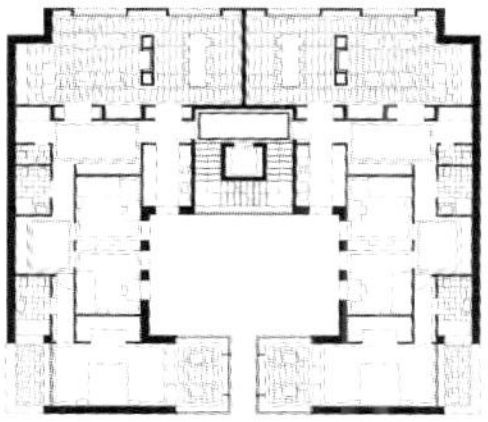

2nd–4th floor

Concrete House – Massimo Trenetti

KUNSTKUNS
TKUNSTKUN

Street elevation

Wohnhaus mit Kunstgalerie
Dieses Projekt für ein Gebäude mit Wohnungen und Kunstgalerie geht von der Idee eines volumetrischen Spiels der Fassade des Wohnteils aus. Im Hof belebt und charakterisiert die Überlagerung vorspringender Volumen den privaten Raum. In der Straßenfassade wird aus Gründen der Dualität eine einzige große Deformation von geschlossenen Mauern umrahmt: der Basis und dem Attikageschoss. Ein Spiel aus Vor- und Rücksprüngen also, das die Form sowohl der Straße als Ganzes als auch des Hauses bestimmt.

Edificio d´abitazione e galleria d'arte
Il progetto, per un edificio ad abitazioni e galleria d'arte, parte dall'idea di una modificazione volumetrica delle parti residenziali. Nella corte, un intreccio di volumi emergenti affolla e caratterizza lo spazio privato. Sul fronte, per una logica di dualità, una macro deformazione viene incorniciata da paramenti murari ciechi, dal basamento e dall'attico. Un gioco di scarti alternati che caratterizza il disegno ora della strada ora della casa.

Apartment Building with Art Gallery
This project for a building, containing apartments and an art gallery, is based on the idea of sculptural modifications to the residential façade. On the side of the courtyard, the overlapping and protruding volumes add to the private space. The street façade contains a certain degree of duality. Hence, solid walls (the base and the attic) enclose a single large deformation. The result is an interplay of protrusions and recesses, which has a formal impact on the appearance of the house and the street as a whole.

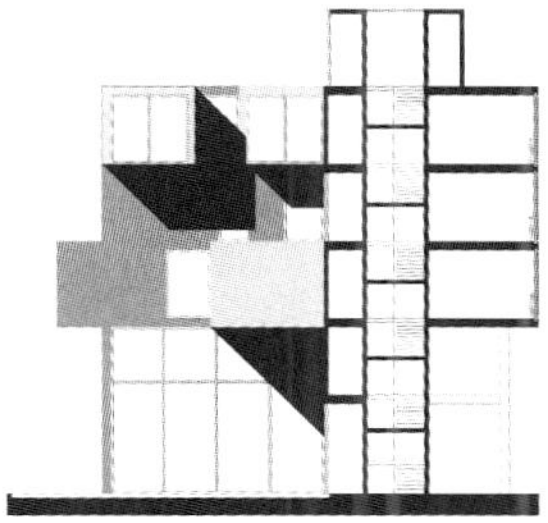

Section

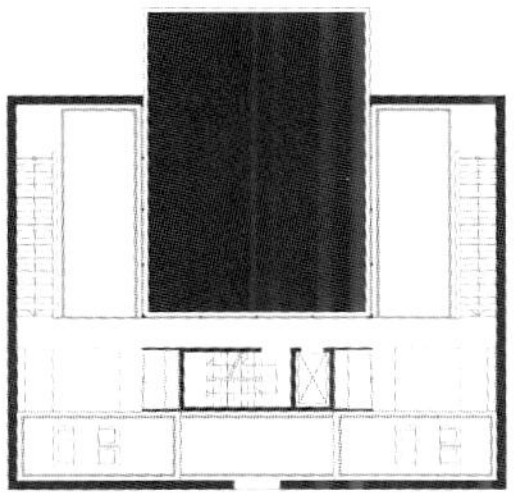

Ground floor

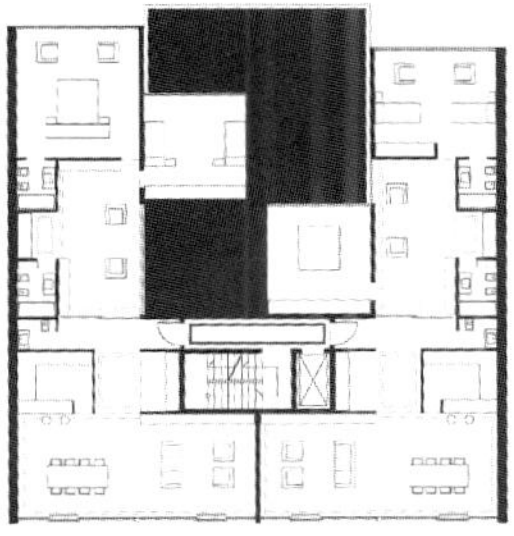

2nd floor

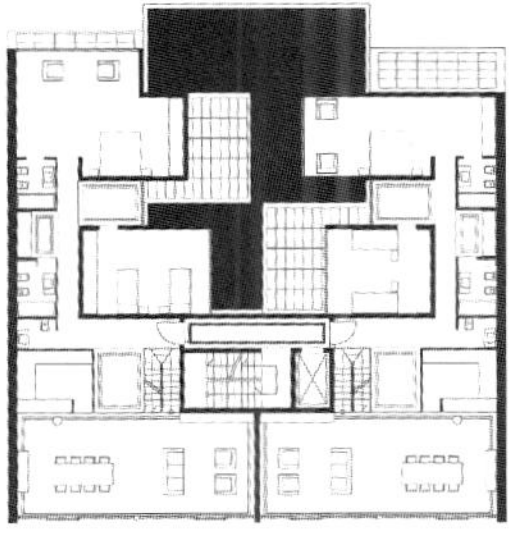

4th floor

GENUA I GENOVA I GENOA

HÄUSER I CASE I HOUSES

e House – Dalia Liksaite

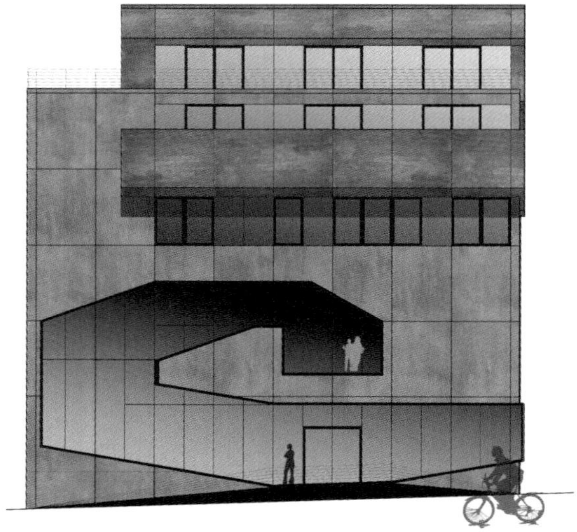

Street elevation

Wohnhaus für Künstler
Die Straße in Genua ist durch ein starkes Gefälle gekennzeichnet. Das Haus reiht sich in die Straßenrandbebauung ein, bleibt aber von allen Seiten sichtbar und übersetzt die Straßensteigung in eine dynamische Körperform. Aus dem kompakten Bauvolumen wird ein spiralförmiger Körper subtrahiert, der die Bewegung der Straße aufgreift und ins Innere übersetzt. Ein ähnliches formales Element tritt aus der seitlichen Fassade hervor.

Casa d'abitazione per artisti
La strada a Genova è caratterizzata dalla pendenza. L'e House si inserisce in una siffatta strada, rimanendo però autonoma. La dinamica della pendenza della strada si introduce nel corpo di fabbrica e crea una composizione in movimento. Dal volume compatto della casa è sottratto un vortice – un corpo a forma di e – che, in questo preciso punto, blocca il moto della strada. Gli spazi interni all'edificio, originati con tale forza espressiva, sono visibili da tutti i lati.

Apartment Building for Artists
This street in Genoa ascends steeply. The house sits in line with the perimeter of the street, but nevertheless remains visible from all sides, translating the ascending street into a dynamic architectural shape. A spiral volume, reflecting the movement of the street and projecting it into the interior, is separated from the compact building mass. A comparably formal element protrudes from the side façade.

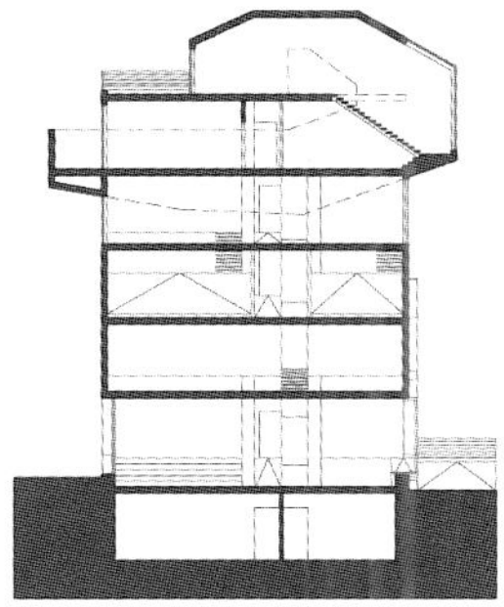

Section

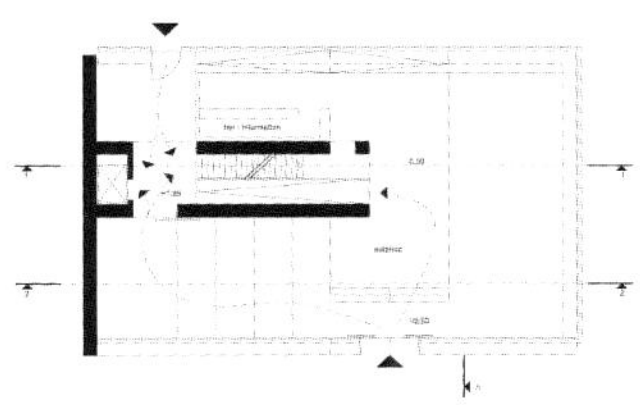

Ground floor

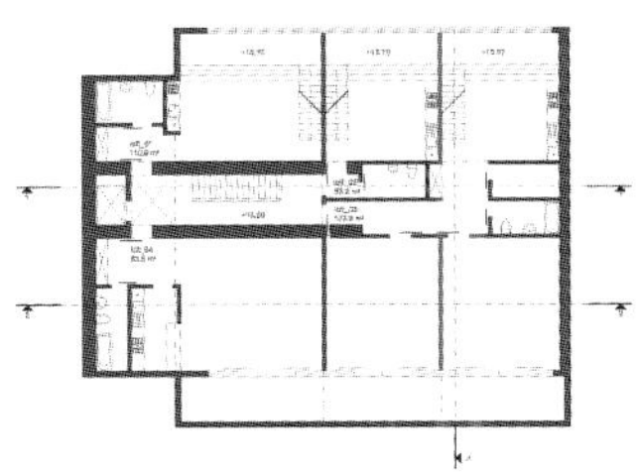

4th floor

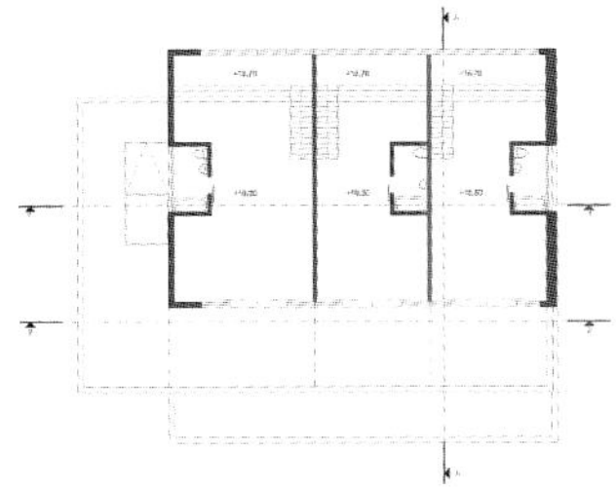

5th floor

Monitorium – Christian Kenitz

Street elevation

Wohnhaus mit Läden

Die Idee für das Monitorium entstand aus der Aufgabenstellung heraus, ein Haus zu entwerfen, das sich durch seine starke Formsprache im Straßenraum präsentiert. Die auffällig in die Straße hineinragenden Erker bilden eine Verbindung zwischen Wohnraum und Außenraum. Sie sind entweder als Balkon ausgebildet – auf ihnen befindet man sich also im Freien – oder als Erker, der bis auf den Boden verglast ist – dort befindet man sich im Inneren der Wohnung, aber auch schon über dem Straßenraum. Man kann sie auch als einen Monitor oder Bildschirm verstehen, durch den man hinaus- oder hineinsehen kann: ein Fenster zur Schau, nicht nur zum Schauen.

Edificio d'abitazione con negozi

Il Monitorium si basa sull'idea dell'edificio monumentale caratterizzato da una forma espressiva. I *bow-window* sporgenti interpretano le relazioni tra lo spazio abitativo e lo spazio pubblico. Questi possono essere usati sia come balconi, quindi come spazio esterno, sia come *bow-window*, quindi come spazio interno all'appartamento. Allo stesso modo questi spazi funzionano come monitor – grandi schermi per vedere al di fuori e per intravedere dentro. La finestra diventa un mezzo per guardare e essere guardati.

Apartment Building with Shops

The idea for the "monitorium" was born out of the task of designing a building that would add to the street with its strong physical appearance. The strongly cantilevered oriels link living space and public space. They either form balconies (as an "outdoor" space) or floor-to-ceiling glazed oriels: here, one stands with one leg in the interior and the other above the street. At the same time, they should be perceived as a sort of monitor; affording views from the inside out or vice versa. It is both a "display window" and a "window to the world".

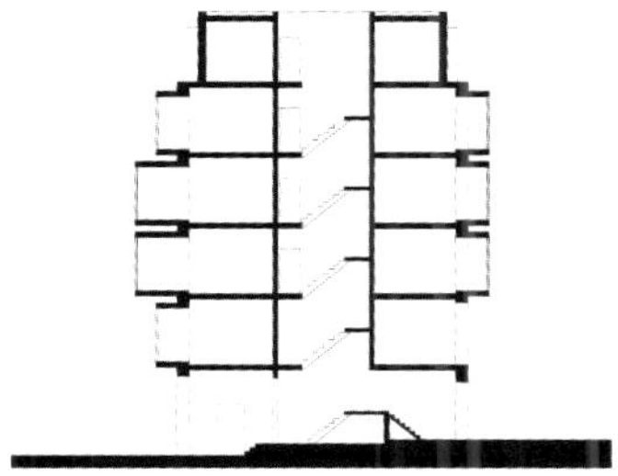
Section

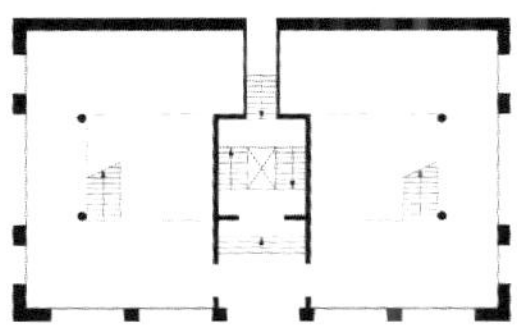
Ground floor

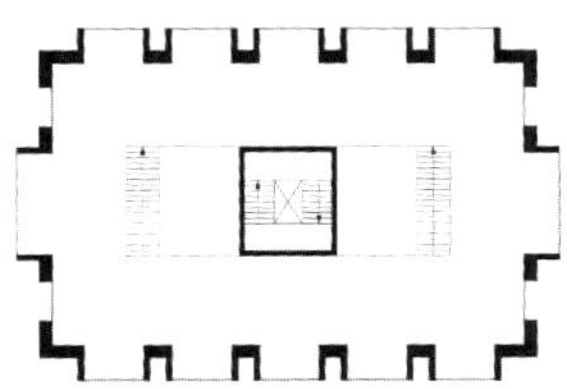
1st floor

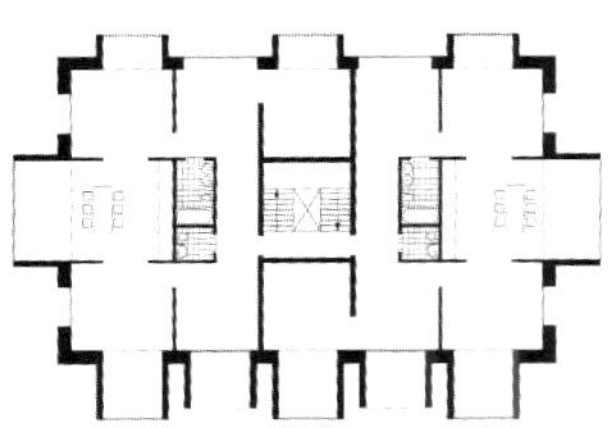
2nd–4th floor

Patchwork House – Marco Gärtner

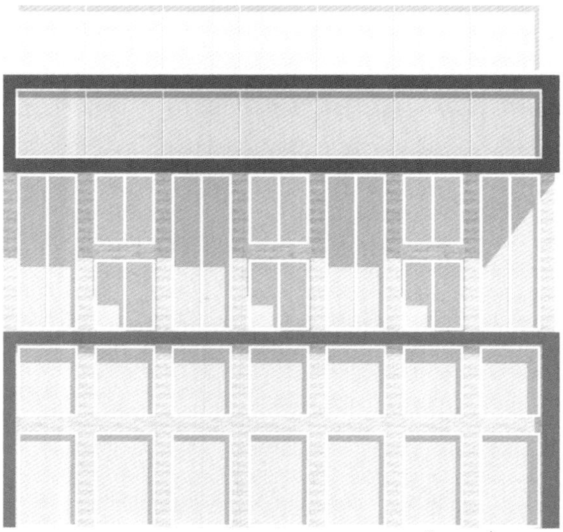

Street elevation

Wohnhaus mit Läden
Der Entwurf verfolgt das Ziel, unterschiedliche Wohnqualitäten in einem Haus zu kombinieren. Es gibt drei verschiedene Zonen – Sockel, Mittelteil und die zwei oberen Geschosse –, die sich durch ihren eigenwilligen Charakter bewusst voneinander distanzieren. Durch ein einheitliches Raster, das man in den Grundrissen sowie in der Fassade ablesen kann, fügt sich das Haus zu einem Ganzen zusammen.

Edificio d'abitazione con negozi
Il compito di questo progetto è di armonizzare diverse tipologie abitative in un unico edificio. Per questo motivo il progetto si articola in tre diverse zone: il basamento, i due piani superiori. Tutte e tre le parti si differenziano chiaramente l'una dall'altra per il carattere individuale. La struttura, regolata da una griglia modulare e riconoscibile sia nelle piante che in facciata, compone le diverse parti in un edificio unitario.

Apartment Building with Shops
The proposal aims to bring together different forms of living under one roof. There are three different zones – base, middle and the two top floors – that set themselves apart through their individual characters. A common grid that manifests itself in the floor layouts and façade ties the house together.

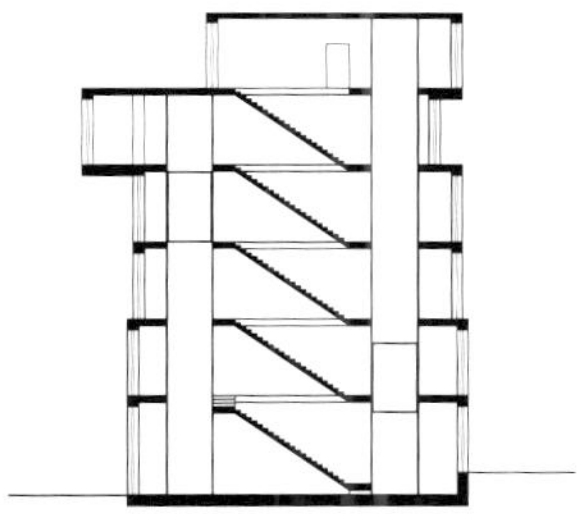
Section

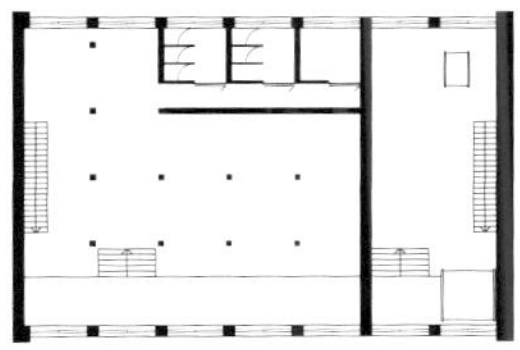
Ground floor

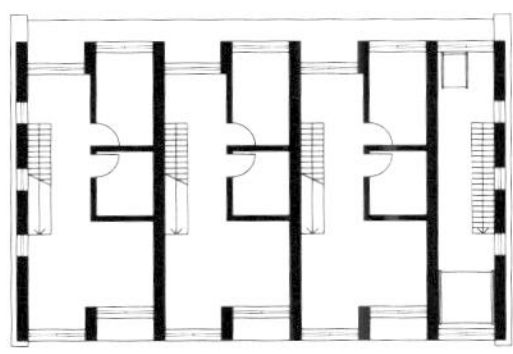
2nd floor

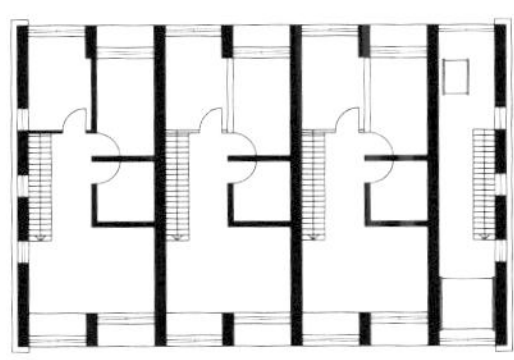
3rd floor

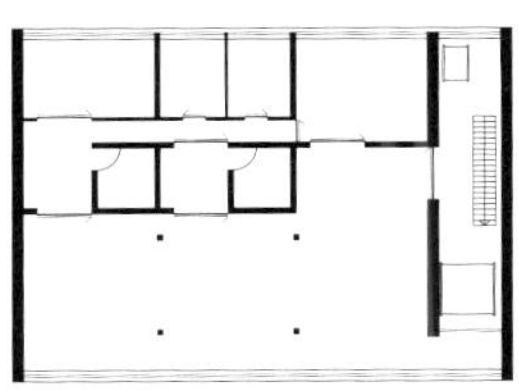
4th Floor

Stadthaus – René Arlitt

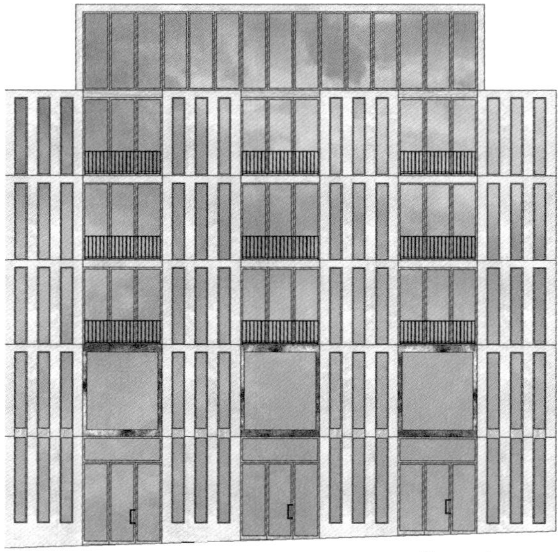

Street elevation

Hotel
Die Grundidee der Baukörperfigur ist, die Reihung der Palazzi an der Strada Nuova in ein einzelnes Gebäude zu übersetzen. Der Wechsel zwischen Baukörper und Lücke findet sich im Vor- und Zurückspringen der Gebäudeachsen wieder. Diese setzen sich im Inneren des Gebäudes fort und bestimmen die Grundrisskonfiguration der Hotelzimmer, die daraus ihre besondere Qualität ableiten.
Drei großflächig verglaste Erker verknüpfen die Öffentlichkeit des Stadtraumes mit der halböffentlichen Hotel-Lounge im Mezzanin.

Albergo
L'idea alla base di questo edificio è quella di comprendere la sequenza di residenze signorili della Strada Nuova in un unico palazzo. L'alternanza tra palazzo e spazio libero si ritrova nell'avanzare ed indietreggiare degli assi del volume. Questi assi continuano all'interno dell'edificio e, definendo la qualità particolare delle stanze, stabiliscono la conformazione degli ambienti dell'albergo.
Tre *bow-window*, interamente vetrati, collegano lo spazio pubblico della strada con la lounge semipubblica dell'albergo al piano mezzanino.

Hotel
The shape of the edifice seeks to transmute the row of palazzos on Strada Nuova into a single building. The rhythm of edifice and gap is reflected in the protruding and recessed building grid. This principle was extended to the interior of the building, dominating the layouts of the hotel rooms and giving them a special quality.
Three large glazed oriels link the public urban space to the semipublic hotel lounge on the mezzanine level.

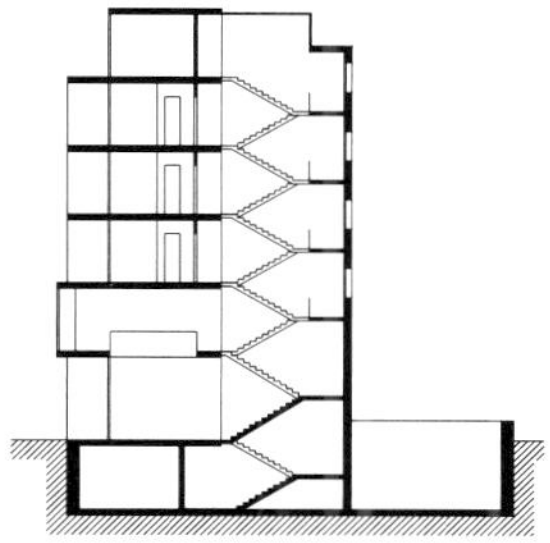

Section

Basement floor

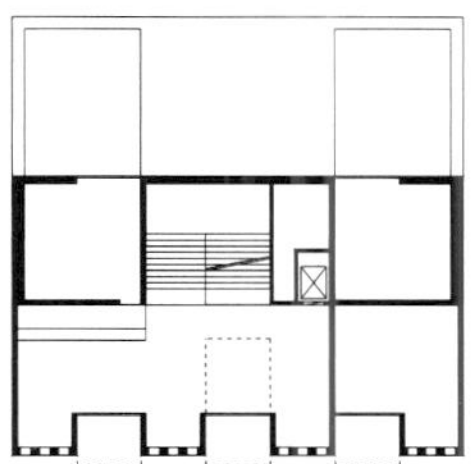

Ground floor

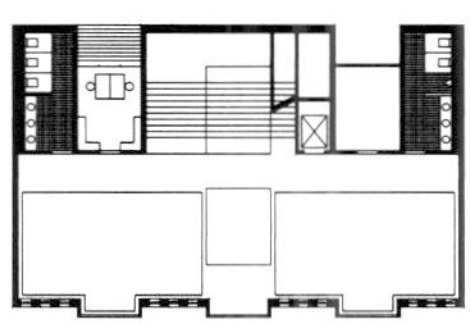

1st floor

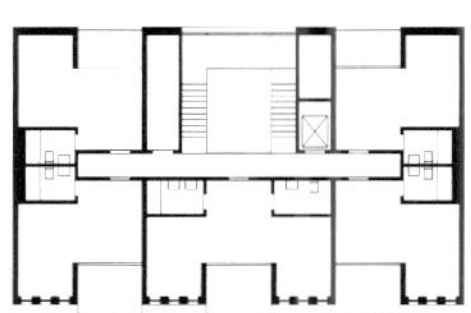

2nd–4th floor

Casa Nihile – Christian Sauer

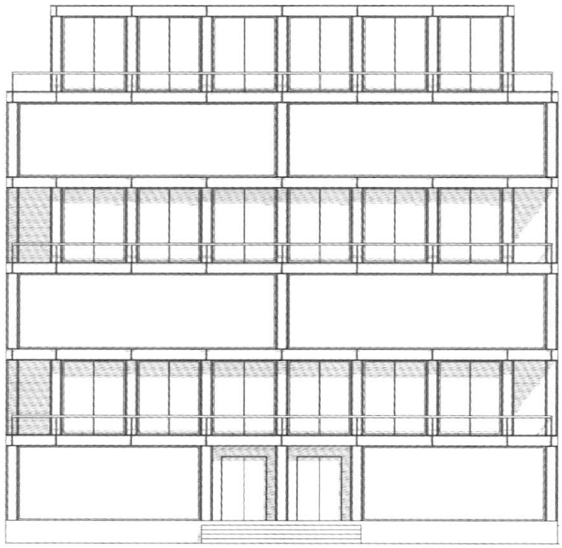

Street elevation

Wohnhaus mit Läden
Charakteristisch für die Genueser Stadthaustypologie ist die Vereinigung palastartiger Solitäre zu einem homogenen Straßenbild. Da die Bauten voneinander losgelöst und somit als Körper wahrnehmbar sind, erschien es sinnvoll, die Deformation des Baukörpers nicht nur aus der Fassade, sondern auch aus deren Flanken herzuleiten. Im vorliegenden Entwurf umgreifen drei vorspringende, von einem Korsett aus Stahlträgern gerahmte Glaskörper den Kern des Hauses.

Edificio d'abitazione con negozi
L'unione di palazzi isolati in una strada omogenea è la caratteristica della conformazione tipologica delle vie genovesi. In queste, il volume dell'edificio é riconoscibile da tutti i lati poiché i volumi sono separati l'uno dall'altro. Per questo motivo era conseguente far risaltare l'architettura del singolo palazzo, non solo dalla vista frontale, ma anche dai lati. In questo progetto il nucleo della casa è circondato da tre fronti vetrate aggettanti e viene incorniciato e definito dalla struttura portante metallica.

Apartment Building with Shops
The combination of solitary palazzi with a homogeneous street layout is a typical feature of Genoese urban building typology. By way of deforming not only the front façade but also the sides, the designer achieved a sensible interpretation of the edifices, which are detached and perceptible as solitary volumes. This particular proposal includes three protruding glazed volumes framed by supporting steel girders, which wrap around the building's core.

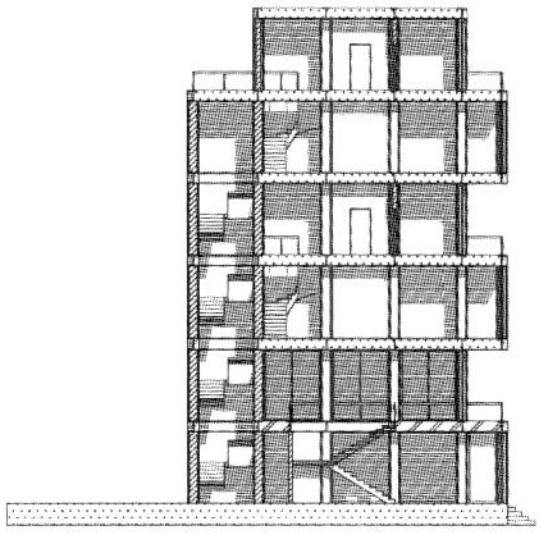

Section

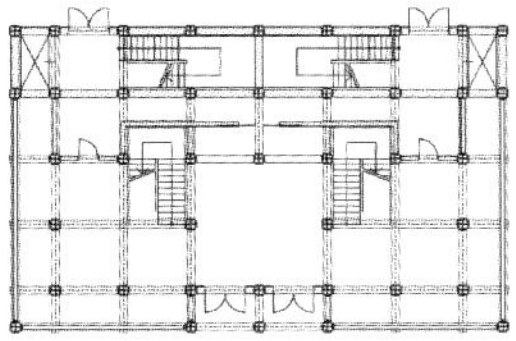

Ground floor

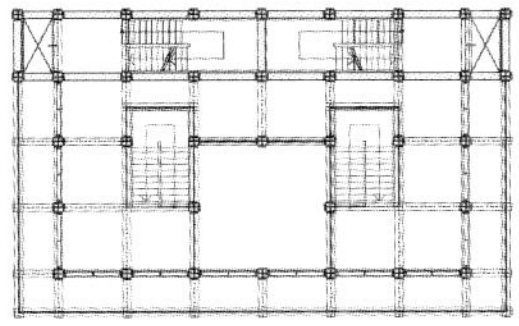

1st floor

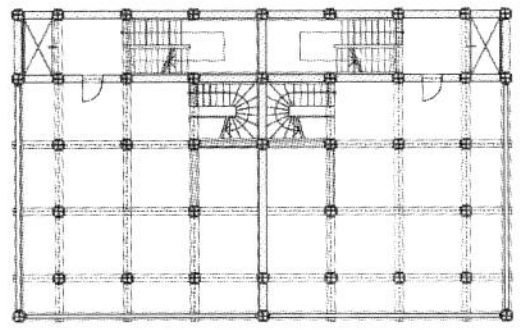

2nd floor

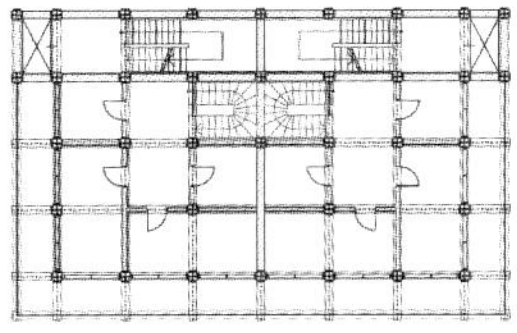

3rd floor

Il Cristallo – Carmelo de Francisci

FRANCISCI'S

Street elevation

Wohnhaus mit Läden
Das Haus weist einen zentral organisierten Grundriss auf. Erdgeschoss und erstes Obergeschoss werden kommerziell genutzt, darüber liegen Wohnungen. Die Basis des Hauses ist komplett mit Marmor verkleidet, ohne Öffnungen bis auf vier große Eingänge. Der darüberliegende Teil ist vollständig verglast und wird charakterisiert durch Vor- und Rücksprünge der Fassadenmodule. Sie bringen eine rhythmische Bewegung elementarer Volumen hervor, die im Kontrast zur Festigkeit der Basis steht.

Casa per negozi ed appartamenti
L'edificio presenta una pianta centrale. I piani terra e primo sono destinati ad attività commerciali, i piani superiori ospitano residenze. Il basamento è interamente rivestito in marmo e non presenta aperture, salvo i quattro grandi ingressi. La parte superiore, interamente vetrata, è caratterizzata dall' aggetto e dal rientro di tutti i moduli di facciata per dar vita ad un moto ritmico di volumi elementari, in contrasto con la fissità del basamento.

Apartment Building with Shops
The house is based on a centrally organised plan. Ground floor and first floor serve commercial purposes with apartments on top. The base of the house is fully clad in marble with the four large entrances being the only openings. The parts above are fully glazed and is dominated by cantilevered and recessed façade modules, creating a rhythmic movement of simple volumes contrasting with the solid character of the base.

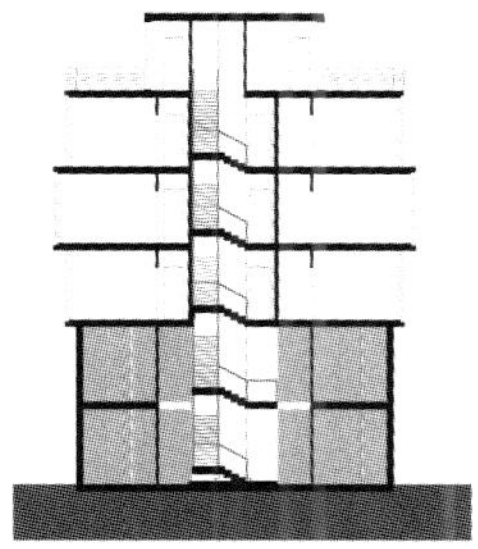

Section

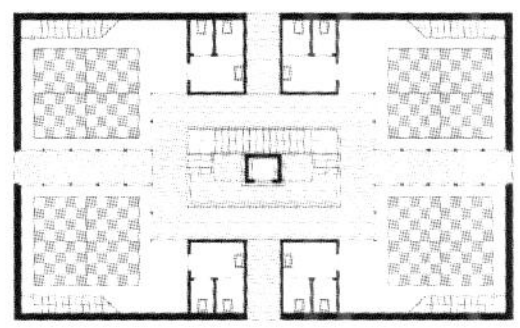

Ground floor

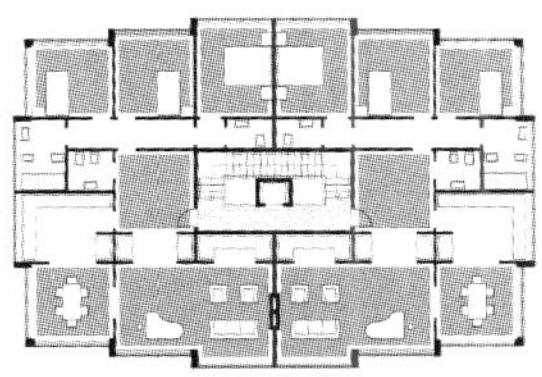

2nd floor

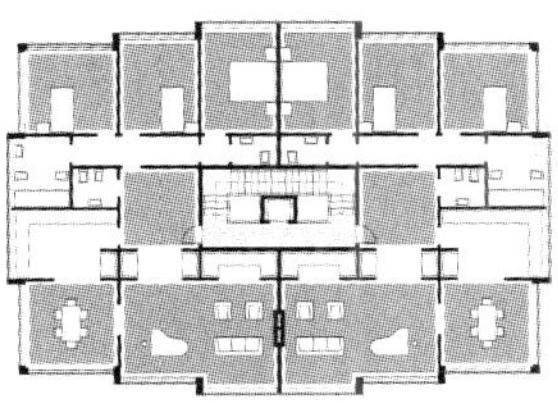

3rd floor

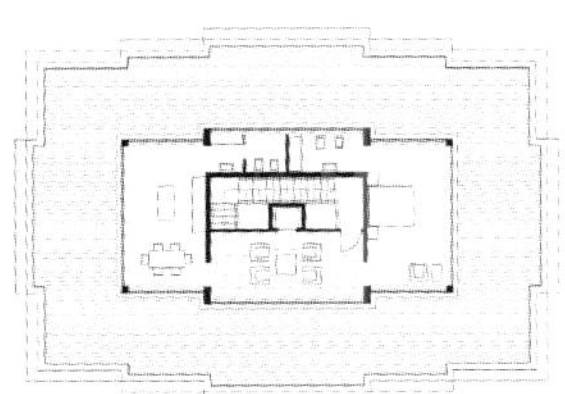

5th floor

Dibar House – Allessandro di Bari

Street elevation

Wohnhaus mit Läden

Ein Haus nach Genueser Typologie: zwei Geschosse für Gewerbe und darüber Wohnungen. Das Gebäude ist gekennzeichnet durch einen kompakten Vorbau an der Vorderseite des Baukörpers (Wohnungsteil), um den Bezug zum öffentlichen Raum zu betonen. Die formale Präsenz des Hauses an der Straße manifestiert sich auch über das strukturale Gerüst, das das gesamte Gebäude in einem Raster aus hellen und dunklen Flächen umschließt.

Casa per negozi ed appartamenti

Edificio a tipologia genovese: i primi due livelli a destinazione commerciale, quelli superiori adibiti a residenza privata. L'edificio è caratterizzato da un aggetto compatto sul fronte del volume della zona residenze al fine di esplicitare il rapporto tra edificio e spazio pubblico. La forza formale dell'edificio è ottenuta anche mediante la modanatura della maglia strutturale, che avvolge l'intero edificio, in un gioco di rilievi chiaroscurali.

Apartment Building with Shops

A building according to Genoese typology: two storeys used for commercial purposes with apartments above. The building features a compact extension at the front of the residential volume, highlighting the connection with public space. The formal appearance of the building is created by the structural framework, which encloses the entire building with a pattern of bright and dark areas.

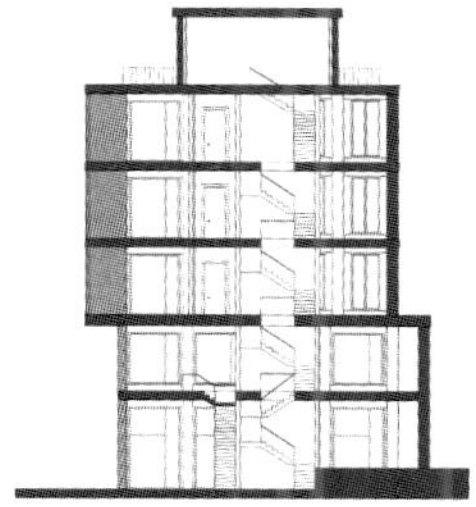

Section

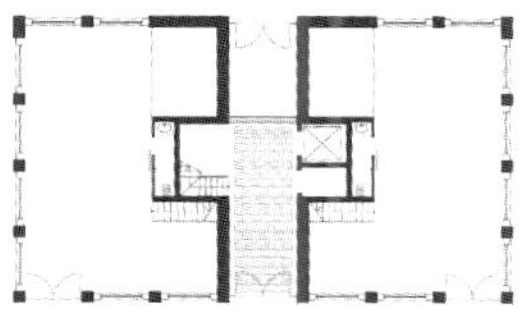

Ground floor

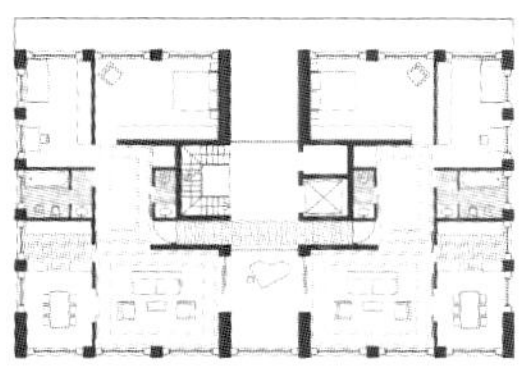

2nd floor

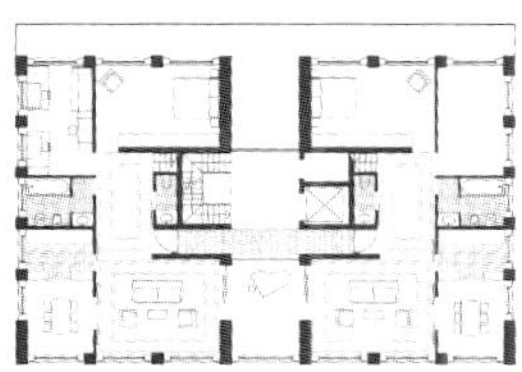

4th floor

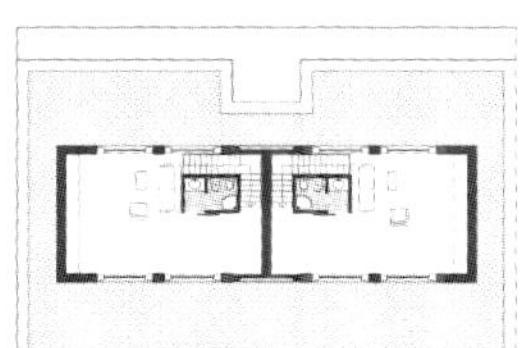

5th floor

Casa Medail – Loris Figoli

Street elevation

Wohnhaus mit Läden

Das Tor zur Straße ist das Hauptmotiv des Hauses, traditionell in der formalen Erscheinung wie in der inneren Erschließung. Das große Tor, das in das Volumen eingeschnitten ist, umrahmt die Öffnungen des Gewerbeteils, der damit vom Wohnbereich darüber abgesetzt wird. Die Fassade, charakterisiert durch regelmäßige Öffnungen und Fugen, zeigt eine horizontale Ordnung.

Casa per negozi ed appartamenti

Il portale sulla strada è il concetto che rappresenta l'edificio, tradizionale nelle forme come nella distribuzione. Il grande portale, scavato nel volume, incornicia le aperture degli spazi commerciali, separandoli dai piani superiori, dove l'attenzione è rivolta al tema della residenza. La superficie di facciata, caratterizzata da fughe e aperture regolari, evidenziando la vocazione orizzontale del fronte, esalta le prospettive centrali della strada.

Apartment Building with Shops

The main theme of this house is the gate leading onto the street, and its role as a traditional element in the house's formal appearance and its importance for internal circulation. The great gate – cut into the volume – frames the openings of the commercial part and sets it apart from the residential levels above. The façade is dominated by regular openings and joints and is based on a horizontal order.

Section

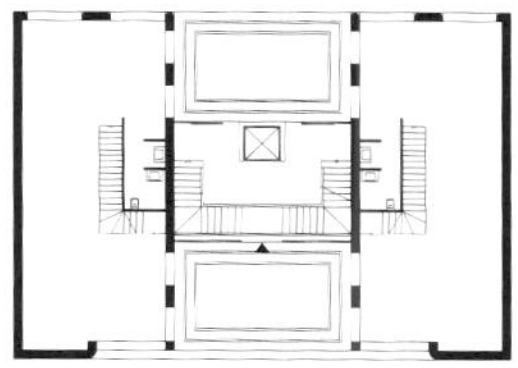

Ground floor

2nd floor

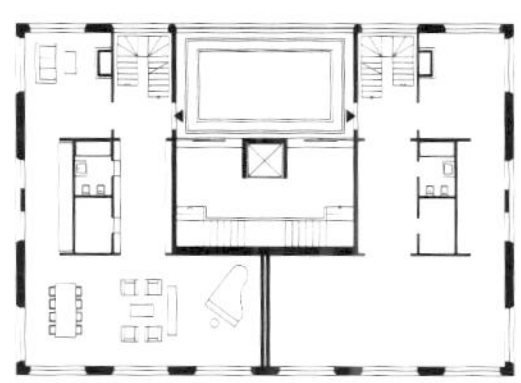

4th floor

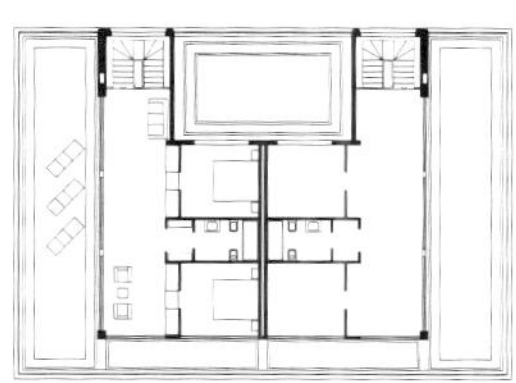

5th floor

Casa Teatro – Lorenzo Fontana

Street elevation

Theater

Das Haus zeigt sich als Ausnahme von der Regelhaftigkeit der Genueser Typologie. Dennoch bezieht es seine Kraft aus einer starken Urbanität, die ihren Ausdruck im Zusammenhalt zwischen Öffentlichkeit und Theater bzw. Privatheit und Wohnen findet. Die Überlagerung von „Keilen" soll das Thema des „Bauens im Gefälle" thematisieren, das typisch ist für Genua. Die Unterschiede zwischen dem Wohnteil und dem öffentlichen Bereich kommen in opaken bzw. transparenten Fassadenflächen zum Ausdruck.

Teatro

L'edificio si propone come eccezione della regolarità della tipologia genovese. Tuttavia ricerca le sue radici in una forte urbanità, proponendo l'unione tra pubblico-teatro e privato-residenza. Pensato come sovrapposizione di cunei, ripropone il tema della costruzione in pendio, tipica dell'architettura genovese. Le differenze tra zone residenziali e parti pubbliche sono rese attraverso l'alternanza di rivestimenti opachi e ritagli trasparenti in facciata e sui lati.

Theatre

The house breaks away from the rules of the Genoese typology. Nevertheless, it strongly draws on its urban character, which finds its expression in the adhesion of the public and the theatrical aspects, between privacy and dwelling. Overlapping "wedges" invoke the theme of "building on the incline", which is typical for Genoa. The different residential and public zones are expressed by means of opaque and transparent façade areas.

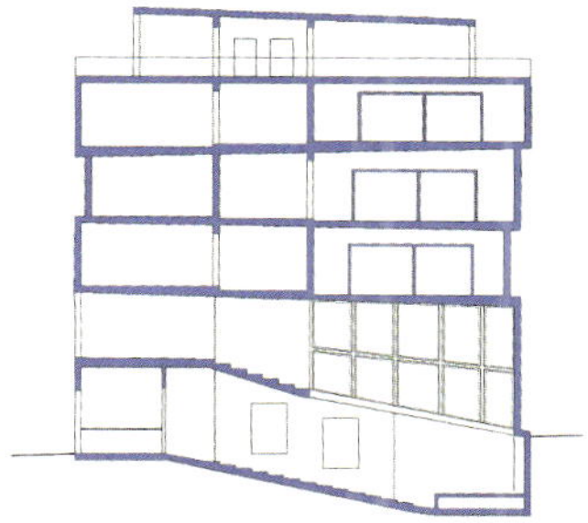

Section

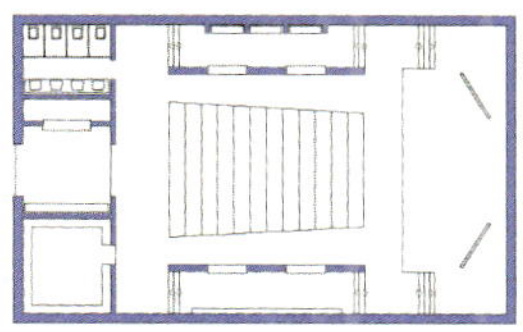

Ground floor

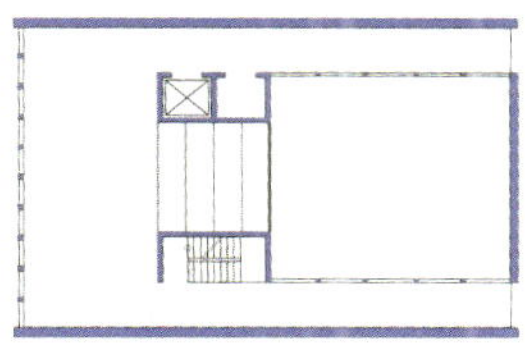

1st floor

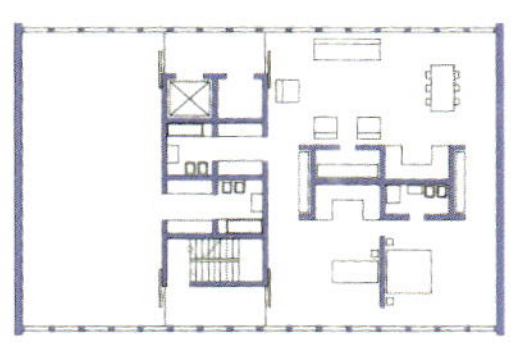

2nd–4th floor

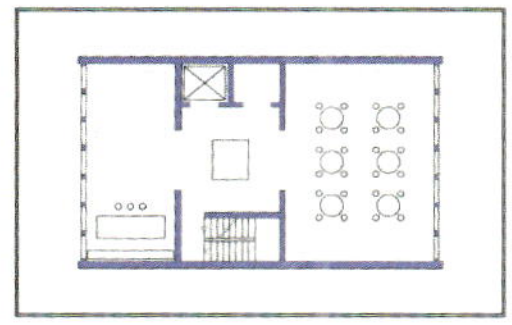

5th floor

Casa Valasca – Orsetta Pizzoli

Street elevation

Wohnhaus mit Läden

Das Gebäude ist klassisch konzipiert: Die Basis mit zwei Geschossen weist Läden auf, darüber befinden sich Wohnungen. Es stellt sich als eine Art städtisches Bühnenbild dar, das erzeugt wird durch den Hell-Dunkel-Effekt der volumetrischen Deformation. Diese artikuliert sich in Vorsprüngen in der Basis und Rücksprüngen im Überbau, wobei die Regelhaftigkeit der Vorsprünge im Verhältnis zum Überbau verschoben erscheinen.

Casa per negozi ed appartamenti

L'edificio è classico nella concezione: il basamento, formato dai primi due piani, è destinato a negozi, il fusto è destinato a residenza. Il progetto intende proporsi come scenografia urbana attraverso l'effetto chiaroscurale prodotto dalla deformazione volumetrica. Questa si traduce in aggetti, nella parte basamentale, e rientranze in quella residenziale, la regola di variazione degli aggetti non è costituita da una specchiatura tra le fasce.

Apartment Building with Shops

The building is based on a classical concept: the two-storey base contains shops and apartments are situated above. It appears as a kind of urban stage set that is created by the interplay of light and shadow on the modelled volume. This manifests itself in protrusions on the base and recesses on the levels above – with the protrusions being positioned in relation to the levels above.

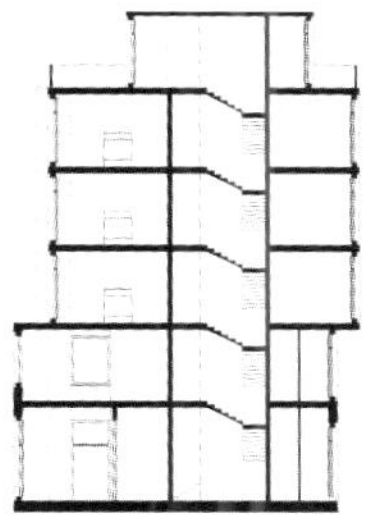

Section

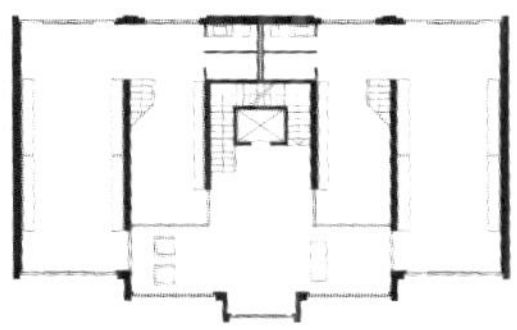

Ground floor

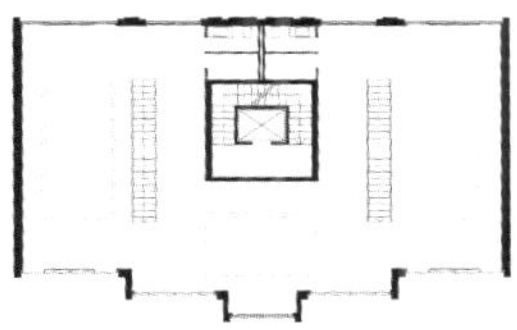

1st floor

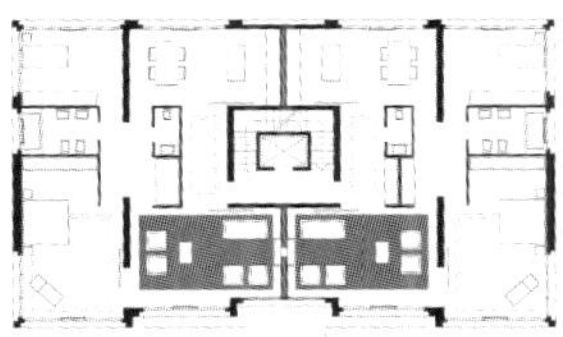

2nd–4th floor

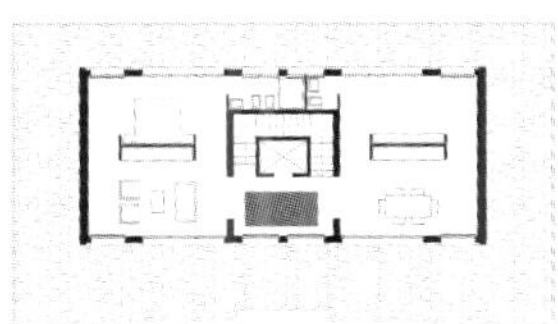

5th floor

Illustration: Christian Sauer

IMPRESSUM

Gestaltung: André Ramin Sadjadian, Berlin
Satz: Susanne Rösler, Jana Sikmanis, Berlin
Bildbearbeitung: André Ramin Sadjadian,
Galrev Druck- und Verlagsgesellschaft, Berlin
Druck und Bindung: bookwise, München

Bibliographische Information Der Deutschen Bibliothek
Die Deutsche Bibliothek verzeichnet diese Publikation in der
Deutschen Nationalbibliographie;
detaillierte bibliographische Daten sind im Internet über
http://dnb.ddb.de abrufbar.

jovis Verlag
Kurfürstenstr. 15/16
10785 Berlin

www.jovis.de

ISBN 3-936314-39-X